LA BIBLE DE LA CUISINE ITALO-JAPONAISE

100 RECETTES INCROYABLES QUI MÉLANGENT DE MANIÈRE EXPERTE LE MEILLEUR DES DEUX CULTURES CULINAIRES

LIANE MOULIN

Tous les droits sont réservés.

Avertissement

Les informations contenues dans cet eBook sont destinées à servir de collection complète de stratégies sur lesquelles l'auteur de cet eBook a effectué des recherches. Les résumés, stratégies, trucs et astuces ne sont recommandés que par l'auteur, et la lecture de cet eBook ne garantit pas que ses résultats refléteront exactement les résultats de l'auteur. L'auteur de l'eBook a fait tous les efforts raisonnables pour fournir des informations actuelles et précises aux lecteurs de l'eBook. L'auteur et ses associés ne sauraient être tenus responsables des erreurs ou omissions involontaires qui pourraient être constatées. Le contenu de l'eBook peut inclure des informations provenant de tiers. Les documents de tiers comprennent les opinions exprimées par leurs propriétaires. En tant que tel, l'auteur de l'eBook n'assume aucune responsabilité pour tout matériel ou opinion de tiers.

L'eBook est protégé par copyright © 2022 avec tous droits réservés. Il est illégal de redistribuer, copier ou créer des travaux dérivés de cet eBook en tout ou en partie. Aucune partie de ce rapport ne peut être reproduite ou retransmise sous quelque forme que ce soit sans l'autorisation écrite expresse et signée de l'auteur.

TABLE DES MATIÈRES

TABLE DES MATIÈRES 3

INTRODUCTION 8

SUSHI 14

   1. Rouleaux de sushi italiens 15

   2. Sushi italien au prosciutto 18

   3. Sushi Italien avec Riz Arborio 21

   4. Sushi italien avec sauce marsala japonaise 23

   5. Sushi végétalien à l'italienne 28

   6. Sushis spaghettis 31

   7. Risotto enveloppé de légumes 34

   8. Rouleaux italiens au pepperoni 37

   9. Sushi Temari Italien 40

   10. Sashimi de chinchard mariné à la moutarde 44

PÂTES ET RAMEN 47

   11. Pâtes miso au lait de soja avec soupe miso 48

   12. Pâtes épicées à l'ail et à l'huile avec Aonori 50

   13. Pâtes crémeuses aux champignons et au bacon 53

   14. Des pâtes avec une touche japonaise-italienne ! 57

   15. Spaghetti napolitain au ketchup 60

   16. Pâtes au boeuf et sauce chili 63

   17. Ramen carbonara au fromage 66

   18. Lasagne ramen 69

   19. Salade de chou fusion ramen 72

   20. Ramens italiens 75

21. Poêlée de ramen italiens costauds 79

22. Ramen italien d'hiver 82

23. Bol de nouilles ramen au poulet à l'italienne 87

24. Gnocchis à la sauce tomate 92

25. spaghettis japonais 95

PIZZA 98

26. Pizza Ramen 99

27. Boules de pizza 102

28. Pizza ramen faux pepperoni 105

29. Pizza japonaise 108

30. Pizza Okonomiyaki 111

31. Pizza à la croûte de fromage japonais 114

32. Pizza calzone japonaise 117

33. Toast de pizza à la japonaise 120

SOUPES ET BOUILLONS 122

34. Soupe de coquillages au romarin 123

35. Soupe de pâtes Bell 126

36. Soupe aux tomates séchées fumées 128

37. Soupe aigre-piquante chinoise 131

38. Bouillon Tonyu 133

39. Bouillon miso 135

40. Bouillon dashi 138

41. Bouillon Tonkotsu 140

42. Bouillon Shoyu 144

43. Bouillon Shio 147

44. Bouillon de dashi végétalien 150

45. Bouillon végétarien Kotteri 152

46. Bouillon de légumes Umami 155

47. Soupe à l'oignon claire 158

RISOTTO 161

48. Risotto balsamique 162

49. Risotto aux bleuets aux cèpes 165

50. Risotto aux carottes et brocolis 168

51. Risotto aux chanterelles 172

52. Risotto aux cèpes et truffes 175

53. Risotto Puschlaver 178

54. Risotto au champagne 181

55. Risotto aux champignons et pecorino 184

56. Riz sauvage et risotto aux champignons 187

57. Risotto aux champignons et aux épinards 190

58. Gâteau Risotto Aux Champignons 193

59. Risotto aux œufs et germes de soja 196

60. Risotto aux tomates et champignons 199

61. Risotto aux asperges et champignons 203

62. Risotto aux légumes d'automne 206

63. Risotto végétalien 209

LASAGNE 213

64. Lasagne de tofu à la viande hachée et aux aubergines 214

65. Coquilles de pâtes farcies Caprese 217

66. Bucatini au pesto et patates douces 220

67. Cuisson Alfredo au poulet Buffalo 223

68. Macaroni au fromage Queso 225

69. Nœuds papillon crémeux au poulet et pesto de brocoli 228

70. Spaghetti aux oignons rouges et bacon 231

71. Pâtes aux saucisses et brocoli Rabe 234

72. Macaronis et Gruyère 237

73. Spaghetti de blé entier aux tomates cerises 240

74. Fettucine Alfredo 243

75. Macaroni au fromage avec poulet.. 245

76. Rigatoni aux saucisses, petits pois et champignons 248

77. Penne classique à la vodka... 251

78. Casserole de homard et de nouilles 254

79. Noeuds papillon avec saucisse, tomates et crème 258

80. Dinde et Porcini Tetrazzini 261

81. Pâtes aux tomates et mozzarella 264

82. Pâtes crémeuses aux crevettes au pesto 267

83. Tortellinis aux épinards et aux tomates 269

84. pâte au poulet Cajun 272

85. Alfredo de crevettes au poivre 275

86. Lasagne verte 278

87. Lasagne aux champignons à la courge 281

88. Couscous Palestinien 285

89. Manicottis farcis aux blettes 289

90. Manicottis aux épinards et sauce aux noix 292

91. Pâtes farcies aux aubergines et au tempeh... 295

92. Raviolis de potiron aux petits pois 298

93. Raviolis Artichauts-Noix 302

CARPACCIO 306

94. Carpaccio de sériole japonaise 307

95. Carpaccio de Flet Japonais 309

96. Carpaccio de Flet Japonais Sakura 311

97. Carpaccio de navet à la japonaise 314

98. Carpaccio de boeuf à la japonaise 316

99. Carpaccio de Tataki de Bœuf 320

100. Carpaccio de Kanpachi (Kanpaccio) 323

CONCLUSION 326

INTRODUCTION

Qu'est-ce que l'itameshi ?

Qu'imaginez-vous quand vous pensez à la cuisine japonaise ou à la cuisine italienne ? Ils ont tellement en commun, du respect des ingrédients qui parlent à l'utilisation du meilleur pour créer des plats qui font des souvenirs. Il s'agit de la façon dont il est fabriqué, de son histoire et des ingrédients.

Même si la plupart des gens ont récemment entendu parler d'itameshi, qui signifie « nourriture italienne » en japonais, les deux cuisines se marient heureusement au Japon depuis très, très longtemps. Et bien que certains des ingrédients puissent sembler familiers - spaghettis al dente, sauce à la viande épaisse, raviolis farcis, croûtes de pizza fines et croustillantes - les plats sont indéniablement japonais, ajoutant des algues, de la sauce soja, des champignons et toutes sortes de poissons pour lui donner ça umami japonais incomparable.

Les cuisines japonaise et italienne partagent des éléments communs, notamment l'accent mis sur la saisonnalité et la simplicité. La cuisine japonaise-italienne ajoute son attention caractéristique aux détails et une touche légère et délicate. Semblable à la façon dont la cuisine française a imprégné la cuisine japonaise, la cuisine italienne est à la fois fidèlement représentée et dotée d'accents japonais, tels qu'incorporant des ingrédients locaux comme le mentaiko, les agrumes yuzu, le gingembre indigène myoga, la feuille de shiso et le sakura ebi.

Les piliers de la cuisine japonaise-italienne

A. **Pizza:** La pizza est également un aliment de base de la cuisine italienne au Japon, où elle se présente à la fois sous des formes plus traditionnelles et dans une gamme d'interprétations typiquement japonaises. à Kyoto propose une «pizza maison au maquereau mariné à l'huile», qui est garnie de sauce tomate et de filets de maquereau entiers qu'ils marinent dans leur propre cuisine. Olive in Aichi sert une pizza aux crevettes et à la mayonnaise, une combinaison de pizza japonaise populaire composée d'une riche base de tomates garnie de crevettes tendres et sucrées, liées ensemble et rehaussées de mayonnaise japonaise crémeuse et umami.

B. **Carpacio :** Le carpaccio est un plat de viande crue comme le poisson, le veau, la venaison ou les légumes, généralement assaisonné de citron ou de vinaigre, d'huile d'olive, de sel et de poivre moulu, mais peut avoir des assaisonnements supplémentaires et plus élaborés comme du fromage, des herbes et des truffes. Le carpaccio de poisson et le sashimi japonais partagent suffisamment de similitudes pour que le plat s'intègre parfaitement dans la cuisine japonaise, devenant une partie merveilleuse du mélange de plats japonais-italiens. Simple dans ses composants, le carpaccio, comme le sashimi, nécessite des ingrédients extrêmement frais et bien présentés.

C. **Pâtes :** Dans un pays regorgeant de plats de nouilles copieux, il n'est pas surprenant que les plats de pâtes italiennes soient très populaires au Japon. Ils sont servis chauds, froids, fins, épais et avec une grande variété d'ingrédients et de styles. Bien qu'il existe de nombreux restaurants italiens au Japon qui servent les variétés les plus traditionnelles, il existe en fait tout un genre appelé wafu pasta, c'est-à-dire des pâtes à la japonaise, qui prend à cœur la fusion de la cuisine japonaise et italienne.

D. **Ravioli :** L'une des centaines de variétés de pâtes italiennes les plus connues, les raviolis - dont le nom vient en fait de riavvolgere, qui signifie "envelopper" - sont fabriqués à partir de feuilles de pâtes, enroulées autour d'un centre débordant de purée de légumes, de poisson, viande, fromage, herbes ou une combinaison, puis bouilli et servi avec une sauce.

E. **Risotto :** Le riz a été un aliment de base de l'alimentation japonaise à travers les âges - à tel point que les repas tirent leur nom du riz (asagohan, hirugohan, bangohan - "riz du matin", "riz du déjeuner" et "riz du dîner", respectivement). Le risotto est un plat de riz italien de base et a été adopté à bras ouverts dans le cadre de la fusion alimentaire italo-japonaise.

F. **Antipasto :** Les antipasti sont les aliments offerts avant un repas - l'équivalent italien des hors-d'œuvre français - et signifient littéralement « avant les pâtes ». Les aliments servis en antipasti sont conçus pour stimuler l'appétit et les papilles sans remplir l'estomac. Ceux-ci sont généralement petits, très colorés, avec des variations de texture et servis froids ou à température ambiante.

G. **Brode** : Brodo est un mot italien qui signifie «bouillon» et peut être comparé au dashi japonais en tant que bouillon savoureux qui est la pierre angulaire de nombreux plats. Comme le dashi, il peut également être servi sous forme de soupe avec divers ingrédients ajoutés. Enfin, tout comme le dashi est fabriqué à partir d'un mélange d'ingrédients de base tels que le kombu, les flocons de bonite, les sardines séchées, les champignons shiitake, le brodo peut être fabriqué à partir d'une variété tout aussi variée de fruits de mer, de bœuf, de légumes et de poulet. Vineria tv b à Kyoto propose un plat d'oursin cru et de bavettine aux jeunes pousses, dans lequel le brodo pesce (bouillon de fruits de mer) est un élément clé. La Trattoria Siciliana Don Ciccio à Omotesando sert la Frittula, un plat printanier composé de pois, de fèves et d'artichauts mijotés dans un brodo léger.

H. **Lasagne** : La lasagne, un plat cuit au four composé d'une alternance de couches de pâtes, de viande et de fromage, est un pur réconfort italien et l'un des plus anciens styles de pâtes ; c'est aussi un pilier de la cuisine italienne au Japon. Traditionnellement, les ingrédients en couches avec des pâtes sont un ragoût de viande et une sauce béchamel, fini avec du Parmigiano-Reggiano, mais il peut à la place comprendre n'importe quel mélange de légumes comme les champignons, les courgettes et la citrouille, et du fromage comme la ricotta et la mozzarella.

SUSHI

1. Rouleaux de sushi italiens

Portions : 2

Ingrédients

- 2 pincées de sel de mer
- 1/2 tasse de pâtes ancini di pepe
- 2 cuillères à soupe de vinaigrette italienne crémeuse
- 2 tortillas de blé entier
- 4 tranches de fromage Provolone
- 6 tranches de salami de Gênes
- 6 tranches de sandwich au pepperoni
- 4 tranches de capicole
- 2 poignées de pousses d'épinards

les directions

a) Portez une casserole d'eau à ébullition et assaisonnez-la avec quelques pincées de sel marin.

b) Ajouter les pâtes ancini di pepe et cuire selon les instructions sur l'emballage (environ 9 minutes).

c) Égoutter les pâtes dans une passoire à mailles. Transférer dans un bol moyen et mélanger avec les deux cuillères à soupe de vinaigrette italienne crémeuse.

d) Sur chacune des tortillas; répartir uniformément et superposer le fromage, le salami, le pepperoni, la capicola, les épinards et quelques cuillerées de pâtes.

e) Lentement et prudemment, roulez la tortilla et enveloppez-la dans une pellicule plastique. Twist et sceller les extrémités et réfrigérer pendant 25 minutes.

f) Déballez les roll-up. Couper chacun en quatre morceaux et placer le côté coupé vers le haut dans de petits plats. Entourez-les avec les pâtes restantes.

2. Sushi italien au prosciutto

Pour 16 personnes

Ingrédients

- 3 tasses de riz à sushi non cuit
- 1 tasse de mélange de fromage Parmesan/Romano râpé
- ⅔ tasse moitié-moitié
- ½ tasse de feuilles de basilic frais, hachées
- 8 à 10 grandes tranches fines de prosciutto (jambon cru italien)
- 1 pot (7 oz) de poivrons rouges rôtis, égouttés et coupés en lanières

les directions

a) Préparez le riz selon les instructions sur l'emballage.

b) Mélanger le riz, le fromage, moitié-moitié et le basilic dans un bol.

c) Placer 1 tranche de prosciutto sur une planche à découper; étendre uniformément 1/2 tasse du mélange de riz sur le prosciutto, en appuyant légèrement.

d) Disposer quelques lanières de poivron dans le sens de la longueur au centre sur le riz. Rouler délicatement dans une bûche. Répéter avec les tranches de prosciutto restantes.

e) Couvrir et réfrigérer au moins 15 minutes.

f) Couper chaque rouleau transversalement en morceaux de 1 pouce. Déposer sur une assiette face coupée vers le haut. Servir à température ambiante.

3. Sushi Italien avec Riz Arborio

Portions 10 ou plus

Ingrédients

- 3 tasses de riz Arborio à grains moyens cuit
- 1 tasse de mélange de fromage Parmesan/Romano râpé
- ⅔ tasse moitié-moitié
- ½ tasse de feuilles de basilic frais, hachées
- 8 à 10 grandes tranches fines de prosciutto (jambon cru italien)
- 1 pot (7 oz) de poivrons rouges rôtis, égouttés et coupés en lanières

les directions

a) Mélanger le riz, le fromage, moitié-moitié et le basilic dans un bol. Placer 1 tranche de prosciutto sur une planche à découper; étendre uniformément ½ tasse du mélange de riz sur le prosciutto, en appuyant légèrement.

b) Disposer quelques lanières de poivron dans le sens de la longueur au centre sur le riz. Rouler délicatement dans une bûche. Répéter avec les tranches de prosciutto restantes.

c) Couper chaque rouleau transversalement en morceaux de 1 pouce. Déposer sur une assiette face coupée vers le haut. Servir à température ambiante.

4. Sushi italien avec sauce marsala japonaise

PORTIONS : 4

Ingrédients

Pour le rouleau italien

- 4 feuilles de nori (algues) ou feuilles de soja
- 2 tasses de riz à risotto cuit
- Huile d'avocat, au besoin
- 4 asperges entières
- 1/2 tasse de champignons portobello
- 1/2 tasse de champignons shiitake
- 8 tranches de poulet rôti ou magret de canard
- 1-2 gousses d'ail
- 2 cuillères à soupe de graines de sésame noir
- Assaisonnement créole, au goût

Pour la sauce Marsala

- 1 1/4 tasse de vin Marsala, réduit de moitié
- 3/4 tasse de crème à fouetter épaisse, réduite jusqu'à épaississement
- 1-2 cuillères à soupe de beurre

- 1 cuillère à soupe de cognac, facultatif
- Pâte de wasabi, au besoin
- 2 cuillères à soupe de sauce Sriracha (ou au goût)

les directions

Pour le rouleau

a) Dans une petite poêle, chauffer l'huile à feu moyen-vif. Ajouter les champignons tranchés des deux et faire sauter légèrement pendant environ 1 $\frac{1}{2}$ minutes. Mettre de côté. Dans une poêle moyenne assez grande pour contenir les asperges entières, ajouter environ 1 cuillère à soupe de beurre ou d'huile d'avocat.

b) Ajouter les asperges et faire revenir environ 1 à 2 minutes en remuant souvent avec des pinces. Ajouter l'ail et remuer pendant environ une minute jusqu'à ce que les asperges soient belles et tendres mais légèrement croquantes. Réserver jusqu'à ce que vous soyez prêt.

c) Pendant ce temps, couvrez une natte de bambou d'une pellicule plastique. Placer une feuille de nori en haut centrée. Avec les mains humectées d'eau, étalez uniformément $\frac{1}{2}$ tasse de riz cuit sur la feuille de nori. Appuyez fermement. En laissant le film plastique en place sur le tapis, retournez la couche de sushi de manière à ce que les algues soient tournées vers le haut et le riz vers le bas.

d) Disposer 2 tranches de poulet au centre de la feuille puis ajouter les asperges d'un côté et les champignons mélangés de l'autre côté du poulet, de sorte que les ingrédients forment une rangée étroite et nette qui s'aligne avec le bord du carré de nori le plus proche de vous . Rouler la natte de bambou vers l'avant (en s'assurant que la pellicule plastique reste avec la natte), en pressant les ingrédients à l'intérieur des sushis en forme de cylindre. Appuyez fermement sur la natte de bambou avec les deux mains pour façonner les sushis, puis retirez la natte.

e) Répétez le processus avec les ingrédients restants pour faire trois autres rouleaux.

f) Coupez les rouleaux de sushi en rondelles de 1 pouce avec un couteau dentelé bien aiguisé humidifié avec de l'eau et fouettez chaque coupe. Disposer sur une assiette de façon originale et napper de sauce.

Pour la sauce Marsala

g) À l'aide d'une casserole moyenne à feu moyen-élevé, ajouter le vin et réduire de moitié. Ajouter la crème et laisser cuire jusqu'à ce que la sauce commence à épaissir. Environ 4 à 5 minutes.

h) Ajouter le brandy et le beurre et poursuivre la cuisson jusqu'à ce que la sauce ressemble à un Alfredo onctueux. Ajoutez la Sriracha 1 cuillère à soupe à la fois et goûtez au fur et à mesure que vous ajoutez pour obtenir la bonne chaleur que vous voulez.

5. Sushi végétalien à l'italienne

POUR 8 PERSONNES

Ingrédients

- 2 feuilles Nori
- 80 g Riz Arborio
- 10 g de purée de pommes
- 8 feuilles, grandes et fraîches Basilic
- 6 tomates séchées au soleil hachées chacune
- 2 courgettes moyennes
- Vinaigre balsamique
- 2 gousses d'ail, hachées très finement
- 1,6 g de persil haché très finement

les directions

a) Surcuire légèrement le riz arborio, avec la purée de pommes, pour le rendre collant.

b) Refroidir complètement.

c) Diviser les garnitures en deux.

d) Préparez les rouleaux de sushi et coupez chaque rouleau en 4 ou 6 morceaux.

e) Pour la trempette, mélanger le balsamique, l'eau, l'ail et le persil ensemble.

6. Sushis spaghettis

Ingrédients

- 1 boîte de spaghettis de 16 onces, cuits selon les instructions sur l'emballage
- 3/4 tasse de sauce marinara
- 1 tasse de fromage ricotta
- 1/4 tasse de parmesan râpé, plus plus pour la garniture
- 2 tasses de mini boulettes de viande
- 2 cuillères à soupe de basilic frais, plus plus pour la garniture

les directions

a) Dans un petit bol, mélanger la sauce marinara et le fromage ricotta.

b) Étalez les pâtes cuites sur un tapis à sushi ou une feuille de film plastique.

c) Couper les extrémités pour former un carré.

d) Ajoutez 3-4 cuillères à soupe de sauce, étalez-la, saupoudrez de parmesan et placez une ligne de boulettes de viande.

e) Utilisez le tapis à sushi ou une pellicule plastique pour enrouler les spaghettis.

f) Couper en tranches comme des sushis.

g) Garnir de basilic frais et de sauce marinara.

7. Risotto enveloppé de légumes

Ingrédients

- 1 aubergine
- 1 courgette
- 1 courge jaune
- 1 cuillères à soupe d'huile d'olive
- 1/4 cuillères à café de sel
- 1 cuillères à soupe de fromage parmesan ou romano
- 2 boules de mozzarella fraîche tranchées
- 1/2 tasse de risotto

les directions

a) Préchauffer à 350 degrés F.

b) Préparez une plaque à pâtisserie avec du papier sulfurisé ou du papier d'aluminium. Vaporiser légèrement avec un aérosol de cuisson antiadhésif.

c) Trancher l'aubergine, la courgette et la courge jaune dans le sens de la longueur en lanières de 1/8 de pouce.

d) Badigeonnez légèrement les deux côtés d'huile d'olive. Disposer sur une plaque à pâtisserie. Saupoudrer de sel.

e) Cuire au four environ 30 minutes, jusqu'à ce que les légumes soient ramollis et bien cuits, en faisant attention de ne pas brunir ou caraméliser.

f) Retirer du four et laisser refroidir légèrement pour pouvoir les manipuler.

g) Saupoudrer les tranches de courgette et de courge de parmesan râpé ou de fromage romano. Déposer une cuillerée de risotto au centre de chaque tranche et rouler.

h) Disposez les tranches de mozzarella sur les tranches d'aubergines, ajoutez une grosse cuillère de risotto au centre, et roulez.

i) Disposez les sushis sur une assiette de service. Garnir chacun de différentes manières. Regardez la vidéo pour voir comment j'ai garni chaque morceau de sushi de différentes manières.

8. Rouleaux italiens au pepperoni

Portions 35

Ingrédients

- 5 tortillas de farine de 10"
- 16 onces de fromage à la crème ramolli
- 2 cuillères à café d'ail haché
- 1/2 tasse de crème sure
- 1/2 tasse de parmesan
- 1/2 tasse de fromage italien râpé ou de fromage mozzarella
- 2 cuillères à café d'assaisonnement italien
- 16 onces de tranches de pepperoni
- 3/4 tasse de poivrons jaunes et orange finement hachés
- 1/2 tasse de champignons frais hachés finement

Les directions:

a) Dans un bol à mélanger, battre le fromage à la crème jusqu'à consistance lisse. Mélanger l'ail, la crème sure, les fromages et l'assaisonnement italien dans un bol à mélanger. Mélanger jusqu'à ce que tout soit bien mélangé.

b) Répartir uniformément le mélange entre les 5 tortillas de farine. Couvrir toute la tortilla avec le mélange de fromage.

c) Déposer une couche de pepperoni sur le mélange de fromage.

d) Superposez le pepperoni avec les poivrons et les champignons grossièrement tranchés.

e) Rouler fermement chaque tortilla et l'envelopper dans une pellicule plastique.

f) Réserver au moins 2 heures au réfrigérateur.

9. Sushi Temari Italien

18 portions

Ingrédients

- 270 ml de riz blanc
- 2 cuillères à soupe de vinaigre de vin blanc
- 2 cuillères à café de sucre
- 2/3 cuillères à café de sel
- 1 saumon fumé
- 1 œuf de saumon
- 1 feuille de shiso (ou basilic frais)
- 1 prosciutto
- 1 fromage à la crème
- 1 Légumes à feuilles (comme du persil italien frais)
- 1 Rôti de bœuf
- 1 trait d'oignon
- 1 trait de gingembre
- 1 Crevette
- 1 avocat
- 1 trait de jus de citron
- 1 trait de wasabi

Pour la sauce:

- 1 cuillères à soupe de génoise
- 1 cuillères à soupe d'huile d'olive
- 1 cuillères à soupe de sauce soja
- 2 cuillères à café d'huile d'olive

les directions

a) Mélanger tous les ingrédients marqués d'un et incorporer le vinaigre à sushi. Verser sur le riz cuit (qui devrait être un peu dur) pour faire du riz à sushi aux saveurs occidentales.

b) Sur une feuille de film plastique, placez le saumon fumé, la feuille de shiso et 1 cuillère à soupe bombée de riz à sushi. Enveloppez et pressez doucement pour former des boules comme une poche de kinchaku. Garnir d'œufs de saumon.

c) Enveloppez le prosciutto, le fromage à la crème (poivre noir si vous le souhaitez) et le riz à sushi avec une pellicule plastique comme à l'étape 2. Garnissez avec le légume à feuilles.

d) Suivez les mêmes procédures avec le rosbif, le gingembre râpé et le riz à sushi et emballez-les. Garnir d'oignon émincé.

e) Enveloppez les crevettes, l'avocat enrobé d'une petite quantité de tranches de citron et le riz à sushi avec une pellicule plastique. Garnir de wasabi.

f) Mélanger la génoise et l'huile d'olive pour faire la sauce au basilic.

g) Sauce (facultatif) : Mélanger la sauce soja et l'huile d'olive pour une sauce à base de soja.

h) Servir et décorer joliment avec la sauce. Servir avec du poivre noir et du gros sel si vous le souhaitez.

10. Sashimi de chinchard mariné à la moutarde

2 portions

Ingrédients

- 150 grammes de chinchard (qualité sashimi)
- 1 cuillère à café de sel
- 30 grammes d'oignon râpé
- 2 cuillères à soupe d'huile d'olive
- 1 1/2 cuillères à soupe de vinaigre de vin blanc ou de vinaigre de riz
- 1 à 3 cuillères à café de jus de citron
- 2 cuillères à café de moutarde en grains
- 1 cuillères à café de miel
- 1/2 cuillères à café d'ail râpé
- 2 pincées de granules de bouillon de soupe Consommé
- 1 feuille de laurier
- 1 trait de poivre noir
- 1 mélange d'herbes italiennes séchées
- 1 Pour la finition : huile d'olive EV oignon finement haché ou oignon rouge

les directions

a) Saupoudrer uniformément de sel des deux côtés du poisson et laisser reposer 10 à 15 minutes. Attention à ne pas les laisser trop longtemps. Comme les filets sont petits, ils seront trop salés si vous les laissez trop longtemps.

b) Rincez et séchez. Couper en morceaux d'environ 3 cm de large.

c) Mélanger le poisson de l'étape 4 dans la marinade. Servir ou laisser reposer un moment si vous préférez.

d) Transférer dans un plat. Si vous le souhaitez, garnissez d'oignon finement haché et arrosez d'un peu d'huile d'olive / jus de citron au goût (le poisson sur la photo est garni d'oignon rouge).

PÂTES ET RAMEN

11. Pâtes miso au lait de soja avec soupe miso

Pour 1 personne

Ingrédients

- 1 portion de spaghetti ou linguine
- Une pincée de sel
- 1 tasse de lait de soja
- 1 cuillères à café de beurre
- Une pincée de Poivre Noir

les directions

a) Dans une casserole, faites bouillir de l'eau avec du sel et faites cuire les pâtes comme indiqué sur l'emballage. Drain.

b) Versez une tasse de lait de soja dans un bol et ajoutez une cuillère à café de beurre. Micro-ondes jusqu'à ce qu'il soit chaud.

c) Placez un paquet de soupe miso lyophilisée Miyasaka dans le bol et remuez jusqu'à ce que la soupe miso lyophilisée fonde complètement.

d) Mélanger avec les pâtes et garnir de poivre noir frais.

e) Profitez!

12. Pâtes épicées à l'ail et à l'huile avec Aonori

Portions : 2

Ingrédients

Cuisson des pâtes

- 2 pintes d'eau
- 2 cuillères à soupe de sel de mer
- 8 oz de spaghettis fins séchés ou de spaghettis
- 3 cuillères à soupe d'huile d'olive extra vierge
- 3 grosses gousses d'ail hachées (environ 3 cuillères à soupe / 25 g)
- 1/2 cuillères à café de tranches de takanotsume ou de flocons de piment rouge séché ajuster au goût
- 1/4-1/3 tasse d'eau de cuisson des pâtes
- 1 cuillères à café de sauce soja
- 1 cuillères à café d'aonori ajuster au goût
- Huile d'olive extra vierge de haute qualité pour la touche finale
- Poivre noir facultatif pour servir

les directions

a) Commencez à faire bouillir de l'eau dans une casserole moyenne à grande. Une fois que l'eau bout, ajoutez du sel de mer puis commencez à cuire des spaghettis fins pendant 6 à 7 minutes ou selon les instructions sur l'emballage. Assurez-vous de cuire un temps plus court pour al dente. Réservez jusqu'à 1/3 tasse/80 ml d'eau de cuisson des pâtes.

b) Pendant ce temps, préparez la sauce. Dans une grande poêle froide, ajouter l'huile d'olive extra vierge, puis ajouter l'ail. Allumez le feu à feu moyen et faites cuire l'ail pendant 2-3 minutes jusqu'à ce qu'il soit parfumé.

c) Ensuite, ajoutez du takanotsume ou des flocons de piment rouge séché. Cuire 1 à 2 minutes jusqu'à ce qu'il soit parfumé.

d) Quelques minutes avant que les pâtes ne soient cuites, ajouter 1/4-1/3 tasse/60-80 ml d'eau de cuisson des pâtes dans la casserole. Laisser émulsionner et réduire l'huile et l'eau de cuisson des pâtes. Baisser le feu à moyen-doux. Continuer à mijoter jusqu'à ce que les pâtes soient cuites.

e) Transférer les pâtes dans la poêle. Incorporer la sauce soja et mélanger rapidement. Ajouter le reste de l'eau de cuisson des pâtes si elle est sèche.

f) Servir avec aonori sur le dessus. Arrosez d'huile d'olive extra vierge et cassez du poivre noir pour la touche finale.

13. Pâtes crémeuses aux champignons et au bacon

PORTIONS : 2

Ingrédients

- 4 tranches de bacon (5,3 oz, 150 g)
- 1,8 oz de champignons shimeji
- 4 champignons cremini
- 4 champignons shiitake
- 1 ½ cuillères à soupe d'huile d'olive extra vierge
- 2 gousses d'ail

Pour les pâtes

- 8 oz de pâtes (spaghetti, linguine ou fettuccine; 4 oz/113 g par personne)
- 4 litres d'eau
- 1 ½ cuillères à soupe de sel casher (Diamond Crystal; utiliser la moitié pour le sel de table)

Pour la sauce crémeuse

- 1 cuillères à soupe de beurre non salé
- poivre noir fraîchement moulu
- 2 cuillères à soupe de farine tout usage (farine ordinaire)

- 1 tasse de lait
- ⅓ tasse de crème fouettée épaisse
- 1 cuillères à soupe de sauce soja
- ⅛ cuillères à café de sel casher (Diamond Crystal ; utiliser la moitié pour le sel de table)

Pour garnir

- persil

les directions

a) Ajouter 1 ½ cuillères à soupe de sel dans 4 pintes (4 litres) d'eau et porter à ébullition pour la cuisson des spaghettis.

b) Une fois l'eau bouillante, ajouter les spaghettis et cuire selon les instructions sur l'emballage. Bien égoutter et mettre de côté.

c) Couper les tranches de bacon en morceaux de ½ pouce (1,25 cm).

d) Coupez le bas des champignons et émincez-les. Couper l'extrémité inférieure des champignons shimeji.

e) Retirer le pied des champignons shiitake et les trancher.

f) Dans une grande poêle, faites chauffer 1 ½ cuillère à soupe d'huile d'olive à feu moyen. Remarque : si vous utilisez une poêle anti-adhésive, vous pouvez sauter l'huile.

g) Une fois l'huile chaude, ajouter le bacon et faire sauter.

h) Une fois la graisse de bacon fondue, écrasez 2 gousses d'ail et ajoutez-les dans la poêle.

i) Ajouter tous les champignons et faire sauter ensemble. Ajouter 1 cuillère à soupe de beurre et du poivre noir fraîchement moulu.

j) Ajoutez la farine et continuez à remuer pour que la farine ne colle pas au fond du moule.

k) Incorporer 1 tasse de lait, ⅓ tasse de crème épaisse et 1 cuillère à soupe de sauce soja. Continuez à gratter le fond du moule. La farine va épaissir la sauce.

l) Goûtez la sauce et ajoutez du sel et du poivre noir fraîchement moulu au goût si nécessaire. Si la sauce est trop épaisse, vous pouvez ajouter ¼ tasse d'eau de cuisson des pâtes (après cela, ajoutez une cuillère à soupe une à la fois) pour diluer la sauce. Astuce : Vous voulez vous assurer qu'il a un goût un peu plus fort que vous ne le souhaitez pour le plat final (car vous ajouterez des spaghettis).

m) Ajoutez les spaghettis cuits dans la poêle à frire ou vous pouvez également verser la sauce sur les spaghettis dans une assiette de service. À l'aide de la paire de pinces, nappez les spaghettis de sauce.

n) Si vous le souhaitez, ajoutez du poivre noir fraîchement moulu. Servir et garnir de persil.

14. Des pâtes avec une touche japonaise-italienne !

1 portion

Ingrédients

- 30 g fujicco (varech salé)
- 30 g de beurre
- 1 portion de pâtes
- 3 portions d'épinards surgelés
- 3 gousses d'ail
- 1 piment
- Persil
- Huile
- 100 ml d'eau
- 4 crevettes

les directions

a) Faites bouillir les pâtes et une fois cuites, mettez-les de côté

b) Hacher l'ail, le persil et le piment

c) Faire fondre le beurre et faire sauter l'ail et le piment. Ajouter les crevettes. Une fois les crevettes cuites, retirez-les et ajoutez les épinards et le fujicco.

d) Laisser mijoter les légumes jusqu'à ce qu'ils soient cuits. Ajouter les pâtes et les crevettes et bien mélanger.

e) Dresser les pâtes et décorer avec le persil.

15. Spaghetti napolitain au ketchup

PORTIONS : 2

- 7 oz de spaghettis
- 1 gousse d'ail
- ½ oignon (3 oz, 85 g)
- 6 saucisses japonaises kurobuta (porc noir)
- 1 poivron vert
- 6 champignons
- 2 cuillères à soupe d'huile d'olive extra vierge
- 2 cuillères à soupe de lait
- 2 cuillères à soupe de fromage Parmigiano-Reggiano

Sauce:

- 4 cuillères à soupe de ketchup
- 1 cuillères à café de sauce Worcestershire
- ¼ cuillères à café de sucre
- 1-3 cuillères à soupe d'eau de pâtes réservée
- sel casher
- poivre noir fraîchement moulu

les directions

a) Porter à ébullition une grande casserole d'eau salée. Cuire les pâtes selon les indications du paquet.

b) Pendant ce temps, émincer la gousse d'ail et émincer l'oignon, les saucisses, le poivron et les champignons.

c) Dans une grande poêle ou sauteuse, faire chauffer l'huile d'olive à feu moyen. Ajouter l'ail et faire sauter pendant 1 minute, jusqu'à ce qu'il soit doré et parfumé.

d) Ajouter les oignons dans la poêle et faire sauter pendant 2-3 minutes.

e) Lorsque les oignons sont ramollis, ajouter les saucisses et faire revenir 1 minute.

f) Ajouter les poivrons et les champignons et faire sauter jusqu'à ce que tout soit cuit.

g) Ajouter les ingrédients de la sauce : ketchup, sauce Worcestershire et sucre (facultatif). Lorsque la sauce épaissit, ajouter l'eau de cuisson des pâtes. Assaisonnez avec du sel et du poivre selon votre goût.

h) Dès que les pâtes sont cuites et égouttées, ajoutez-les à la poêle et mélangez à l'aide de pinces.

i) Ajouter le lait et le parmesan et mélanger pour combiner. Servir immédiatement dans des assiettes chaudes.

16. Pâtes au boeuf et sauce chili

Donne 4 portions

Ingrédients:

- 1/2 lb de pâtes, fusilli
- 2 cuillères à soupe d'huile végétale
- 1 lb de surlonge de bœuf coupée en deux sur la longueur et de 1/4 de pouce d'épaisseur
- 1 oignon coupé en deux sur la longueur, coupé en quartiers, gros
- 3 tasses de bouquets de 1 po de brocoli
- 3 cuillères à soupe de sauce soya, faible en sodium
- 1 cuillères à soupe de sauce chili, asiatique
- 1 cuillères à soupe de coriandre hachée, fraîche, + extra pour la garniture
- 1/4 cuillères à café de poivre, moulu
- 3 tomates coupées en quartiers de 1 po d'épaisseur, moyennes

les directions

a) Ajouter de l'eau dans une grande casserole. Salez et portez à ébullition. Ajouter les pâtes. Cuire pendant cinq à 10 minutes, jusqu'à ce qu'ils soient tendres à mordre. Égoutter, puis réserver les pâtes.

b) Chauffer l'huile dans une grande poêle à feu moyen-vif. Ajouter le boeuf et cuire pendant trois à quatre minutes, jusqu'à ce qu'il commence à dorer. Remuer tout en continuant à dorer pendant deux à trois minutes supplémentaires. Transférer le bœuf dans une assiette et réserver. Réserver l'huile.

c) Ajouter les oignons dans la même poêle. Remuez souvent pendant la cuisson pendant deux à trois minutes, jusqu'à ce qu'il commence à dorer. Ajouter le brocoli. Cuire pendant deux à trois minutes, jusqu'à ce qu'ils soient d'un vert vif.

d) Ajouter la sauce chili, la sauce soya, la coriandre et le poivre moulu. Remuer fréquemment pendant la cuisson pendant environ trois minutes. Ajouter le bœuf réservé et les tomates. Cuire pendant trois minutes de plus, jusqu'à ce que les tomates commencent à libérer leur jus.

e) Ajouter les pâtes cuites. Remuer pendant la cuisson pendant environ trois minutes, jusqu'à ce que la plupart du liquide soit absorbé par les pâtes ou s'évapore. Assaisonnez comme vous le souhaitez. Saupoudrer de coriandre et servir.

17. Ramen carbonara au fromage

Portions : 4

Ingrédients:

- Dashi, une tasse
- Huile d'olive, une cuillère à soupe
- Tranches de bacon, six
- Sel, au besoin
- Ail haché, deux
- Persil, au besoin
- Fromage parmesan, demi-tasse
- Lait, deux cuillères à soupe
- Oeufs, deux
- Paquet de ramen, trois

les directions

a) Combinez tous les ingrédients.
b) Faire bouillir les nouilles selon les instructions sur l'emballage.
c) Conservez un quart de tasse d'eau de cuisson pour assouplir la sauce plus tard, si nécessaire. Égoutter les nouilles et mélanger avec de l'huile d'olive pour qu'elles ne collent pas.

d) Chauffer une poêle moyenne à feu moyen. Cuire les morceaux de bacon jusqu'à ce qu'ils soient bruns et croustillants. Ajouter les nouilles dans la poêle et mélanger avec le bacon jusqu'à ce que les nouilles soient enrobées de graisse de bacon.

e) Battre les œufs à la fourchette et incorporer le parmesan. Verser le mélange œuf-fromage dans la poêle et mélanger avec le bacon et les nouilles.

18. Lasagne ramen

Portions : 4

Ingrédients

- 2 paquets (3 oz) de nouilles ramen
- 1 lb de boeuf haché
- 3 oeufs
- 2 c. de fromage râpé
- 1 cuillère à soupe d'oignon haché
- 1 tasse de sauce à spaghetti

les directions

a) Avant de faire quoi que ce soit, préchauffez le four à 325 F.

b) Placer une grande poêle à feu moyen. Y faire cuire le bœuf avec 1 sachet d'assaisonnement et l'oignon pendant 10 minutes.

c) Transférer le boeuf dans un plat allant au four graissé. Fouettez les œufs et faites-les cuire dans la même poêle jusqu'à ce qu'ils soient cuits.

d) Garnir le boeuf avec 1/2 C. de fromage râpé suivi des œufs cuits et un autre 1/2 C. de fromage.

e) Cuire les nouilles ramen selon les instructions sur l'emballage. Égouttez-le et mélangez-le avec la sauce à spaghetti.

f) Répartir le mélange sur toute la couche de fromage. Garnir avec le fromage restant. Faites-le cuire au four pendant 12 minutes. servez vos lasagnes tièdes. Profitez.

19. Salade de chou fusion ramen

Donne 4 portions

Ingrédients:

- 2 paquets de nouilles, Ramen
- 1/3 tasse d'amandes tranchées, non salées
- 2 cuillères à soupe de beurre non salé, fondu
- 1/2 tête de chou finement tranché, petit
- 1 carotte finement tranchée, petite
- 1 oignon finement haché, vert

Pour dresser:

- 3 cuillères à soupe de sucre, granulé
- 2 cuillères à soupe de vinaigre, vin de riz
- 4 cuillères à soupe de mayonnaise légère
- 2 cuillères à café de moutarde de Dijon
- 1/2 cuillères à café d'huile, sésame
- Sel, casher et poivre, moulu, au goût

les directions

a) Préchauffer le four à 350F.

b) Casser les nouilles en petits morceaux (de la taille d'une bouchée). Les répartir dans un plat à gratin. Mélanger les amandes effilées. Arroser de beurre fondu. Bien mélanger en remuant.

c) Faire griller les nouilles et les amandes au four à 350F jusqu'à ce qu'elles soient dorées, de 12 à 15 minutes. Retirer le plat du four. Mettez-le de côté.

d) Mélanger les ingrédients de la vinaigrette dans un bol à mélanger moyen. Fouettez bien ensemble.

e) Dans un grand bol à mélanger, combiner les lanières de chou, les carottes et les oignons verts. Ajouter des ramen grillés avec des nouilles.

f) Verser la vinaigrette sur le plat. Bien mélanger tous les ingrédients.

g) Assaisonnez comme vous le souhaitez. Servir rapidement.

20. Ramens italiens

Ingrédients

- 4 cuillères à soupe d'huile d'olive
- 1 poulet entier (ou 2 poitrines de poulet)
- 1 oignon brun, coupé en dés
- 1 branche de céleri, coupée en dés
- 1 carotte moyenne, coupée en dés
- 1 cuillères à café de flocons de piment fort
- $\frac{1}{4}$ cuillères à café de thym séché ou 2-3 brins
- 3 filets d'anchois
- 2 gousses d'ail
- 7 tasses de bouillon de poulet (ou préparez-le)
- 4 œufs durs (6 minutes)
- 200 g de spaghettis fins (capellinis)
- $\frac{1}{2}$ tasse de tomates cerises
- 7oz -200g Brocolini
- 7 oz -200 g de champignons
- $\frac{1}{2}$ tasse de cèpes séchés
- 1 poignée de feuilles de persil (haché)

Pour le bouillon de volaille

- 1 carcasse de poulet

- 1 oignon brun

- 1 feuille de laurier

les directions

a) Pour le bouillon, dans une grande casserole à feu vif, ajoutez 2 cuillères à soupe d'huile d'olive, une fois chaude, ajoutez la carcasse de poulet hachée et faites cuire jusqu'à ce qu'elle soit dorée. Ajouter l'oignon brun coupé en gros dés et cuire jusqu'à ce qu'il soit un peu caramélisé, couvrir avec 8 tasses d'eau et ajouter les feuilles de laurier. Laisser mijoter doucement pendant 45 minutes à feu doux. Filtrer et réserver.

b) Épluchez et coupez finement la carotte. Couper finement la branche de céleri et l'oignon. Dans une grande casserole à feu moyen, ajouter deux cuillères à soupe d'huile d'olive. Ajouter et faire suer l'oignon, le céleri, les carottes, les flocons de piment, le thym, les anchois et l'ail jusqu'à ce qu'ils soient tendres. Ajouter le bouillon de poulet, les cèpes séchés, les champignons frais tranchés, saler et porter à feu doux pendant 15 minutes. Ajouter ensuite les poitrines de poulet entières et pocher 12 minutes.

c) Pendant ce temps, faites bouillir l'eau salée de vos pâtes. Une fois salés, cuire les spaghettis al dente. En cas de cuisson précoce, mieux vaut égoutter et rafraîchir sous l'eau froide. Réchauffer 10 secondes dans l'eau chaude des pâtes juste avant de servir.

d) Cuire les œufs en les plaçant dans une casserole d'eau bouillante pendant 6 minutes. Une fois cuits, transférez les œufs égouttés dans un bol d'eau froide. Après quelques minutes, écalez les œufs.

e) Retirez les poitrines de poulet et à l'aide de deux fourchettes, déchiquetez la viande de poulet.

f) Ajouter le broccolini fendu et coupé au bouillon 30 secondes avant de servir. Servir dans de grands bols, ajouter les pâtes sur un tiers, le poulet sur un autre tiers. Ajouter quelques tomates cerises coupées et un œuf coupé en deux. Garnir de persil haché. Servir avec une fourchette et une cuillère à soupe.

21. Poêlée de ramen italiens costauds

Portions 4

Ingrédients

- 2 paquets (3 oz chacun) de mélange de soupe aux nouilles ramen à saveur de boeuf
- 1 lb de bœuf haché maigre (au moins 80 %)
- 24 tranches de pepperoni (1 à 1 1/4 pouces de diamètre)
- 1 boîte (14,5 oz) de tomates en dés avec basilic, ail et origan, non égouttées
- 1 tasse d'eau
- 1 petit poivron vert, coupé en morceaux de 1/2 po (1/2 tasse)
- 1 tasse de fromage mozzarella râpé (4 oz)

les directions

a) Casser les blocs de nouilles en deux (réserver un sachet d'assaisonnement ; jeter le deuxième sachet) ; mettre de côté. Dans une poêle de 10 pouces, cuire le bœuf et le pepperoni à feu moyen de 8 à 10 minutes, en remuant de temps à autre, jusqu'à ce que le bœuf soit brun; drain.

b) Incorporer les tomates, l'eau et le sachet d'assaisonnement réservé au mélange de boeuf. Chauffer jusqu'à ébullition. Incorporer les nouilles et le poivron. Cuire 3 à 5 minutes, en remuant de temps en temps, jusqu'à ce que les nouilles soient tendres.

c) Saupoudrer le fromage sur le mélange de nouilles en cercle autour du bord de la poêle. Couvrir et laisser reposer environ 5 minutes ou jusqu'à ce que le fromage soit fondu.

22. Ramen italien d'hiver

24 portions

Pour le bouillon :

- 3 cuillères à soupe d'huile de sésame grillé
- 36 gousses d'ail écrasées
- 12 onces de gingembre, tranché finement
- 1/3 tasse d'oignons verts, hachés grossièrement
- 2 cuillères à soupe de mirin
- 2 cuillères à soupe de pâte de miso
- 1/3 tasse de vinaigre de vin de riz non assaisonné
- 1/2 tasse de sauce soja faible en sodium
- 1 gallon + 2 tasses de bouillon de légumes non salé

Pour les légumes :

- 1/2 tasse d'huile de sésame grillé
- 1/4 livre de piments rouges, coupés en tranches de 1/8 de pouce
- 1/2 livre de carottes, coupées en tranches de 1/8 de pouce
- 1/2 livre de panais, coupés en tranches de 1/8 de pouce

- 1/2 livre de patates douces, pelées, coupées en tranches de 1/4 de pouce
- 1 livre de chou, haché grossièrement
- 1/2 livre de poireaux, parties blanches et vertes seulement, coupés en deux dans le sens de la longueur, tranchés finement
- 1/2 livre de chou frisé, lavé, côtes retirées, haché grossièrement

Pour les nouilles :

- 3 livres de cheveux d'ange Barilla
- 3 cuillères à soupe de bicarbonate de soude
- 1/3 tasse de sel de mer

Garnitures :

- 1-1/2 livre de tofu ferme, coupé en cubes
- 24 œufs mollets
- 1-1/2 tasses d'oignons verts, tranchés finement
- 3/4 tasse de chapelure grillée

les directions

Pour le Bouillon :

a) Chauffer l'huile dans une grande marmite à feu doux; ajouter l'ail, le gingembre et les oignons verts. Cuire 2-3 minutes, en remuant fréquemment jusqu'à ce qu'il soit parfumé.

b) Ajouter le mirin, la pâte de miso, le vinaigre et la sauce soja. Cuire 1 minute pour porter le mélange à ébullition.

c) Remuer en stock; réduire le feu à doux. Laisser mijoter 6 heures, en écumant l'écume de la surface au besoin. Frais; filtrer à travers un tamis à mailles fines. Couvrir et réfrigérer.

Pour les Légumes :

d) Chauffer l'huile dans une grande marmite à feu doux; ajouter les légumes. Cuire 2-3 minutes jusqu'à ce que les légumes soient chauds; ajouter la moitié du bouillon préparé. Laisser mijoter 15 à 20 minutes jusqu'à ce que les légumes soient bien cuits; Garder au chaud.

Pour les nouilles ramen :

e) Pendant ce temps, faites bouillir 3-3/4 gallons d'eau dans une bouilloire à vapeur ou une grande marmite sur la cuisinière.

f) Ajouter les pâtes, le bicarbonate de soude et le sel; cuire 3-4 minutes ou jusqu'à ce qu'ils soient al dente. Bien égoutter.

g) Répartir les pâtes dans des bols de service individuels. Amener le bouillon restant dans une grande marmite à feu moyen-vif.

h) Disposer les légumes cuits sur les nouilles dans chaque bol; ajouter des garnitures. Verser le bouillon chaud sur chaque bol avant de servir.

23. Bol de nouilles ramen au poulet à l'italienne

Rendement : 4 portions

Ingrédients

Pour le bouillon :

- 2 cuillères à soupe d'huile d'olive extra vierge
- ½ tasse de céleri, coupé en dés
- ½ tasse de carottes, coupées en dés
- ½ tasse d'oignon, coupé en dés
- ½ cuillères à café de poivre noir
- ½ cuillères à café de flocons de piment rouge
- 1 cuillères à soupe d'ail finement haché
- 2 filets d'anchois
- 3 branches de thym
- 4 brins de basilic, et plus pour la garniture
- 2 32 onces. boîtes de bouillon de poulet / bouillon (64 oz au total)
- 1 lb de spaghettis ou de spaghettis ondulés

Garnitures :

- 4 gros œufs
- 1 poulet rôti, effiloché

- 1 lb de broccolini, blanchi

- 1 lb d'asperges, blanchies

- ½ lb de pois mange-tout

- 4 gros radis rouges, tranchés

- 1 botte d'oignons verts, les parties blanche et verte, coupées en dés

- flocons de piment rouge

les directions

Préparez ce qui suit :

a) Porter une grande casserole d'eau à ébullition. Utilisez-le plus tard pour faire bouillir les spaghettis après la fin de la cuisson du bouillon. Ne faites pas bouillir les nouilles maintenant, elles seront trop pâteuses après le temps de faire le bouillon.

b) Porter une casserole d'eau de taille moyenne à ébullition. Ajouter les œufs et faire bouillir jusqu'à ce qu'ils soient durs; environ 10 minutes. Retirer de l'eau chaude et faire couler de l'eau froide sur les œufs pendant que vous les écalez. Mettre de côté.

Pour le bouillon :

c) Chauffer l'huile d'olive dans une grande casserole à feu moyen.

d) Cuire le soffrito de céleri, de carottes, d'oignon et d'ail jusqu'à ce qu'il soit tendre et parfumé, pendant environ 8 minutes.

e) Ajouter le poivre noir, les anchois, les flocons de piment rouge, le thym et le basilic. Cuire encore 3 minutes.

f) Réduire le feu et ajouter le bouillon/bouillon de poulet. Laisser mijoter pendant 20 minutes.

Pour les pâtes, les légumes et les œufs :

g) Lorsqu'il reste environ 10 minutes pour que le bouillon mijote, ajoutez les nouilles dans la casserole d'eau bouillante. Faire bouillir jusqu'à ce qu'elles soient al dente (le temps dépend du type de nouilles que vous choisissez), entre 5 et 10 minutes. Goûtez et vérifiez la cuisson des pâtes.

h) Cuire à la vapeur les broccolini et les asperges.

i) Couper les œufs durs en deux.

j) Lorsque les pâtes sont cuites, placez tous les ingrédients dans de grands bols à soupe larges (les bols à pâtes sont parfaits pour cela). Disposez joliment chaque bol avec une touche artistique avec des ingrédients placés en « groupes » ou « sections ».

k) Versez le bouillon dans chaque bol d'ingrédients ou distribuez-le aux invités pour leur permettre de verser la quantité qu'ils désirent.

l) Garnir de flocons de piment rouge et de brins de basilic frais.

24. Gnocchis à la sauce tomate

PORTIONS 4

Ingrédients

- 1 cuillère à soupe d'huile d'olive
- 1 cuillère à soupe de beurre
- 3 gousses d'ail hachées
- 1 boîte (14 onces liquides) de tomates en dés avec jus
- 2 cuillères à soupe de pâte de tomate
- 1/4 tasse de bouillon de poulet ou de bouillon de légumes
- 1 trait d'assaisonnement italien
- 1 livre de gnocchis de pommes de terre
- 1/2 tasse de mozzarella râpée
- 1/2 tasse de parmesan fraîchement râpé
- Petite poignée de basilic frais tranché finement
- Sel et poivre au goût

les directions

a) Ajouter l'huile et le beurre dans une poêle profonde à feu moyen. Une fois chaud, ajouter l'ail et cuire 30 secondes.

b) Ajouter les tomates en dés, la pâte de tomate, le bouillon de poulet et l'assaisonnement italien à la poêle. Donnez-lui un coup de fouet.

c) Incorporer les gnocchis. Laissez cuire en remuant assez souvent pour qu'il ne colle pas au fond de la casserole, jusqu'à ce qu'il soit bien cuit (environ 5 à 7 minutes). La sauce va s'épaissir au fur et à mesure que les gnocchis libèrent de l'amidon.

d) Donnez un goût aux gnocchis et s'ils sont cuits, incorporez la mozzarella, le parmesan et le basilic jusqu'à ce que les fromages fondent. Saler et poivrer au besoin et servir immédiatement.

25. spaghettis japonais

10 portions

Ingrédients

- 1 lb de viande hachée
- 1 lb de légumes japonais mélangés (brocoli, haricots verts, champignons, etc.)
- 1 lb de nouilles spaghetti
- 1 paquet de mélange pour sauce aux champignons
- 1 boîte de crème de champignons
- 8 oz de crème sure
- 1 tasse de mélange de fromage italien
- 1 lait au besoin
- 1 beurre au besoin

les directions

a) Préparez les pâtes comme indiqué.

b) Faire dorer et assaisonner la viande hachée à volonté.

c) Une fois que la viande de hamburger est entièrement cuite, ajoutez le mélange de légumes japonais et une cuillère à soupe de beurre. Ajouter plus d'assaisonnement si la viande de hamburger devait être vidangée de sa graisse. Éteignez le brûleur et couvrez en remuant de temps en temps jusqu'à ce que les légumes soient tendres

d) Ajouter le paquet de mélange de sauce aux champignons au mélange de légumes à hamburger et bien mélanger.

e) Ajoutez ensuite votre crème de champignons et la crème sure. (Ajouter un peu de lait de mélange trop épais à votre goût)

f) Une fois les pâtes bien cuites et égouttées, mélangez le mélange de viande et le fromage, plus ou moins selon vos goûts et dégustez !

PIZZA

26. Pizza Ramen

Portions : 4

Ingrédients

- 6 onces. nouilles ramen, n'importe quelle saveur
- 1/2 C. de lait
- olives noires (facultatif)
- 1 oeuf, battu
- champignon (facultatif)
- 1/4 C. Parmesan, râpé
- tranches de jalapeño en conserve (facultatif)
- 1 tasse de sauce barbecue (de votre choix)
- poivron (facultatif)
- 1 tasse de poulet cuit, haché
- flocons de piment rouge (facultatif)
- 1/2 oignon rouge, tranché finement
- 11 onces. mandarines, bien égouttées

les directions

a) Réglez votre four à 350 degrés F avant de faire quoi que ce soit d'autre et tapissez une plaque à pizza avec un morceau de papier d'aluminium graissé.

b) Dans une casserole d'eau bouillante salée, faire cuire les nouilles ramen environ 2-3 minutes.

c) Égoutter les nouilles.

d) Pendant ce temps, dans un bol, ajouter l'œuf, le lait et le parmesan et battre jusqu'à ce que le tout soit bien mélangé.
e) Ajouter les nouilles et remuer pour combiner.
f) Placer uniformément le mélange de nouilles dans le moule préparé. F
g) Cuire au four environ 10 minutes.
h) Retirer la poêle du four et étendre la sauce barbecue sur les nouilles, suivie du poulet, des oignons et des oranges.
i) Saupoudrer uniformément de fromage mozzarella.
j) Cuire au four environ 10-15 minutes.
k) Retirer du four et réserver environ 5 minutes avant de trancher.

27. Boules de pizza

Portions : 10

Ingrédients:

- 1 lb de saucisse hachée émiettée
- 2 tasses de mélange Bisquick
- 1 oignon haché
- 3 gousses d'ail hachées
- $\frac{3}{4}$ cuillères à café d'assaisonnement italien
- 2 tasses de fromage mozzarella râpé
- 1 $\frac{1}{2}$ tasse de sauce à pizza - divisée
- $\frac{1}{4}$ tasse de parmesan

Les directions:

a) Préchauffer le four à 400 degrés Fahrenheit.

b) Préparez une plaque à pâtisserie en la vaporisant d'un aérosol de cuisson antiadhésif.

c) Mélanger la saucisse, le mélange Bisquick, l'oignon, l'ail, l'assaisonnement italien, le fromage mozzarella et 12 tasses de sauce à pizza dans un bol à mélanger.

d) Après cela, ajoutez juste assez d'eau pour le rendre utilisable.

e) Rouler la pâte en boules de 1 pouce.

f) Verser le parmesan sur les boules de pizza.

g) Après cela, placez les boules sur la plaque à pâtisserie que vous avez préparée.

h) Préchauffer le four à 350°F et cuire 20 minutes.

i) Servir avec la sauce à pizza restante à côté pour tremper.

28. Pizza ramen faux pepperoni

Portions : 6

Ingrédients

- 1 paquet (3 oz) de nouilles ramen, n'importe quelle saveur
- 1 cuillère à soupe d'huile d'olive
- 1 pot (14 oz) de sauce à spaghetti
- 1 tasse de fromage mozzarella faible en gras, râpé
- 3 onces. pepperoni de dinde
- 1/2 cuillères à café d'origan séché

les directions

a) Avant de faire quoi que ce soit, préchauffez le gril du four.

b) Préparez les nouilles selon les instructions sur l'emballage sans le sachet d'assaisonnement. Égouttez-le.

c) Placer une grande casserole allant au four à feu moyen. Y faire chauffer l'huile. Y faire sauter les nouilles et presser au fond de celui-ci pendant 2 minutes pour faire la croûte.

d) Verser la sauce sur les nouilles et garnir de 2 oz. tranches de pepperoni. Saupoudrer le fromage sur le dessus suivi du pepperoni et de l'origan restants.

e) Transférer la poêle au four et cuire pendant 2 à 3 minutes ou jusqu'à ce que le fromage fonde.

f) Laissez votre pizza perdre la chaleur pendant 6 minutes. sers le.

g) Profitez.

29. Pizza japonaise

Rendement : 4

Ingrédients

- 2 1/2 onces de champignons shiitake—tiges, chapeaux tranchés finement
- 2 cuillères à soupe de sauce soja
- 2 cuillères à soupe d'huile de colza
- 1/2 cuillère à café d'huile de sésame grillé
- 3 tasses de riz à sushi cuit
- 5 onces de tofu ferme, tranché
- 2 cuillères à café de sauce unagi (facultatif)
- 1/3 tasse d'edamames décortiqués
- 5 onces de fromage Manchego, râpé (environ 1 1/2 tasse)
- 1/2 tasse de germes de soja
- Sel casher
- Togarashi et graines de sésame blanches et noires grillées, pour saupoudrer
- 1 tasse de gros flocons de bonite
- 6 feuilles de shiso, tranchées finement
- 1/4 tasse de feuilles de coriandre

les directions

a) Préchauffer le four à 375°. Dans un bol, mélanger les champignons et la sauce soya. Laisser reposer 5 minutes; drain.

b) Dans une poêle antiadhésive de 9 pouces allant au four, chauffer les huiles. Presser le riz dans la poêle, environ 1/4 de pouce d'épaisseur. Cuire à feu modérément élevé jusqu'à ce que le fond soit doré, 10 minutes. Garnir de tofu en une seule couche et arroser de sauce unagi. Garnir de shiitake, d'edamame, de fromage et de germes de soja et assaisonner de sel. Saupoudrer de togarashi et de graines de sésame.

c) Transférer la poêle au four et cuire sur l'étagère du haut pendant 15 minutes, jusqu'à ce que le dessus soit doré. Faites glisser la pizza sur un plateau; garnir avec la bonite, le shiso et la coriandre et servir.

30. Pizza Okonomiyaki

Pour 2

Ingrédients

- 1 fond de pizza prêt à l'emploi (environ 23 cm de diamètre)
- 3 tranches de bacon
- 2 feuilles de chou
- 2 oignons nouveaux
- sauce okonomiyaki
- fromage fondant
- 2 cuillères à soupe de flocons de tempura
- flocons de bonite
- algue aonori
- mayonnaise japonaise

Comment préparer

a) Hachez finement votre chou et vos oignons nouveaux, puis coupez le bacon en bouchées. Badigeonnez le dessus de votre pizza avec de la sauce okonomiyaki, puis garnissez avec le chou, le bacon, la ciboule, le fromage fondant et une bonne giclée de mayonnaise japonaise.

b) Faites cuire la pizza pendant environ 15 à 18 minutes pour toute personne utilisant sa propre pâte maison ou selon les instructions pour les bases préfabriquées.

c) Garnir d'okonomiyaki ou de sauce brune, de flocons de tempura, de flocons de bonite et d'algues aonori.

31. Pizza à la croûte de fromage japonais

Portions : 12 pizzas

Ingrédients

- 3 tasses de cheddar râpé
- 6 tranches d'asperges
- 6 Tranches Deli Jambon/Dinde
- 1 champignon commun entier ou n'importe quel champignon de votre choix
- 3-4 cuillères à soupe de mayonnaise Kewpie peuvent être remplacées par de la mayonnaise ordinaire

les directions

a) Chauffer le four à 425F.

b) Lavez et coupez les asperges au besoin. Couper les asperges en deux ou environ 2 pouces de longueur. Mettre de côté.

c) Couper la charcuterie en 4e et réserver.

d) Trancher le champignon facultatif et réserver.

e) Tapisser une plaque à pâtisserie d'un tapis de cuisson en silicone (le papier sulfurisé convient également).

f) Placez 1/4 tasse de fromage râpé sur le tapis de cuisson en silicone et étalez le fromage autour pour former un cercle d'environ 2 à 3 pouces de diamètre.

g) Placer un morceau de charcuterie coupée au centre de chaque croûte à pizza, suivi d'un morceau d'asperge et d'un champignon facultatif.

h) Une fois que le four atteint la température, cuire au centre du four pendant 8 à 10 minutes jusqu'à ce que le fromage bouillonne et que les bords aient légèrement commencé à dorer.

i) Une fois cuit, retirer la plaque du four et laisser refroidir le fromage (environ 3-4 minutes). Garnir d'un filet de Kewpie Mayo et déguster comme une pizza !

32. Pizza calzone japonaise

Ingrédients

- 1 paquet de gyoza/dumpling/wonton wrappers (~20 par paquet)
- Sauce tomate à pizza
- Fromage mozzarella
- Herbes mélangées (facultatif)
- sel

les directions

a) Disposez tous les emballages de boulettes sur une surface plane et ajoutez une cuillerée de sauce à pizza, une petite poignée de fromage et quelques herbes (le cas échéant).

b) Pizza calzone japonaise recette étape 1 photo

c) Trempez un doigt dans l'eau et passez-le autour du bord de l'emballage pour l'humidifier. Maintenant, pliez-le en deux avec vos mains (ou utilisez une petite presse) et pincez le bord humide pour sceller.

d) Pizza calzone japonaise recette étape 2 photo

e) Enduisez les deux côtés d'huile, soit en les trempant dans un petit bol, soit en utilisant un pinceau pour les enrober. Disposez-les sur une plaque recouverte de papier d'aluminium.

f) Pizza calzone japonaise recette étape 3 photo

g) Cuire au four à 200 degrés Celsius (~ 400 F) pendant environ 7 minutes, jusqu'à ce qu'ils deviennent croustillants et bruns. Profitez!

33. Toast de pizza à la japonaise

1 portion

Ingrédients

- 1 tranche de pain épais Pain de mie
- 1 tranche de fromage en tranches de type fondant
- 25 grammes de poulet ou de saucisse Teriyaki
- 1 trait de chou
- 1 cuillère à soupe de sauce Okonomiyaki
- 1 mayonnaise

les directions

a) Étaler la sauce okonomiyaki sur le pain et déposer dessus le chou finement râpé.

b) Pizza Toast à la japonaise recette étape 1 photo

c) Coupez la tranche de fromage en 2, et placez-la sur le pain. Coupez le poulet ou la saucisse teriyaki en morceaux faciles à manger et étalez-les sur le dessus. Enfin, mettez autant de mayonnaise que vous le souhaitez.

d) Pizza Toast à la japonaise recette étape 2 photo

e) Faites cuire au four grille-pain jusqu'à ce qu'ils soient dorés, et c'est prêt ! Dégustez bien chaud !

SOUPES ET BOUILLONS

34. Soupe de coquillages au romarin

Portions : 4

Ingrédients:

- 2 cuillères à café d'huile d'olive
- 1/2 C. coquilles de pâtes de blé entier ou 1/2 C. coquille 1 gousse d'ail, hachée finement
- Pâtes
- 1 échalote, finement hachée
- 1 cuillères à café de romarin
- 3 -4 C. bouillon de poulet sans gras ou 3 -4 C.
- 3 C. Bébés épinards, nettoyés et parés
- bouillon de légumes
- 1/8 cuillères à café de poivre noir
- 1 (14 1/2 oz.) boîte de tomates en dés
- 1 trait de flocons de piment rouge broyés
- 1 (14 1/2 oz.) boîte de haricots blancs (cannellini
- ou autre)

Les directions:

a) Placer une grande casserole à feu moyen. Y faire chauffer l'huile. Ajouter l'ail et l'échalote puis les cuire 4 minutes.

b) Incorporer le bouillon, les tomates, les haricots et le romarin, le poivron noir et rouge. Faites-les cuire jusqu'à ce qu'ils commencent à bouillir. Incorporer les pâtes et laisser mijoter la soupe pendant 12 minutes.

c) Incorporer les épinards et laisser mijoter la soupe jusqu'à ce qu'elle ramollisse. Servir la soupe tiède.

d) Profitez.

35. Soupe de pâtes Bell

Portions : 8

Ingrédients:

- 1 cuillère à soupe d'huile d'olive
- 1 1/2 C. haricots rouges, cuits
- 1 oignon, haché
- 2 cuillères à café de thym frais haché
- 2 gousses d'ail, hachées
- 1/2 C. d'épinards hachés
- 1 poivron rouge, haché
- 1 tasse de pâtes aux coquillages
- 3 C. bouillon de poulet faible en gras et faible
- poivre noir moulu au goût
- 1 tasse de tomates entières en conserve, hachées

Les directions:

a) Placer une grande casserole à feu moyen. Y faire chauffer l'huile. Ajouter l'oignon et l'ail puis les cuire 5 minutes. Incorporer les poivrons et les faire cuire 3 minutes.
b) Incorporer le bouillon, les tomates et les haricots. Faites-les cuire jusqu'à ce qu'ils commencent à bouillir. Baisser le feu et laisser mijoter la soupe pendant 20 minutes.
c) Ajouter le thym, les épinards et les pâtes. Cuire la soupe pendant 5 minutes. Rectifier l'assaisonnement de la soupe. Servez-le chaud.
d) Profitez.

36. Soupe aux tomates séchées fumées

Portions : 8

Ingrédients:

- 2 tranches de bacon de dinde, hachées finement
- 1 botte de bette à carde rouge ou blanche
- 1 oignon, haché
- 1/4 C. de petites pâtes non cuites, comme l'orzo ou
- 1 gousse d'ail, hachée
- 1/4 cuillères à café de noix de muscade fraîchement râpée
- 5 grandes feuilles de sauge fraîche, hachées
- 1/8 cuillères à café de flocons de piment rouge broyés
- 5 feuilles de basilic frais, hachées grossièrement
- 1 cuillères à soupe de parmesan râpé, divisé
- 6 C. de bouillon de poulet, ou plus au besoin
- 1 boîte (15 oz) de haricots cannellini, égouttés et
- 1 cuillère à soupe d'huile d'olive extra vierge, divisée
- 2 cuillères à soupe de tomates séchées hachées
- 2 oz. Croûte de parmesan

Les directions:

a) Placer une grande casserole à feu moyen. Ajouter le bacon, l'oignon, l'ail, la muscade et les flocons de piment rouge puis les faire cuire pendant 5 minutes.

b) Incorporer le bouillon de poulet et les haricots cannellini puis les faire cuire jusqu'à ce qu'ils commencent à bouillir. Ajouter les tomates séchées et le morceau de croûte de parmesan.

c) Cuire la soupe à feu doux pendant 10 minutes.
d) Coupez les tiges de la bette à carde en lingue de 3/4 de pouce et les feuilles en tranches de 1 pouce de large. Ajouter les tiges avec les pâtes à la soupe puis les cuire 10 minutes à feu doux.
e) Ajouter les feuilles de blette tranchées, la sauge et le basilic puis cuire 5 minutes à feu doux. Servir la soupe chaude avec du fromage.
f) Profitez.

37. Soupe aigre-piquante chinoise

Portions : 1

Ingrédients:

- 1 paquet (3 oz) de nouilles ramen
- 2 C. d'eau
- 1/8 C. champignon, tranché finement
- 1 cuillères à soupe de vinaigre de riz
- 1/8 cuillères à café de sauce chili
- 1 oeuf, battu
- 1/8 C. viande, cuite, tranchée finement.
- 1 oignon vert

Les directions:

a) Dans une casserole, ajouter 2 C. d'eau tiède, les nouilles ramen et les champignons et porter à ébullition.
b) Ajouter le vinaigre de riz et la sauce chili et cuire environ 5 à 7 minutes.
c) Réduire le feu à moyen.
d) Ajouter la viande hachée et remuer pour combiner.
e) Arroser très lentement, ajouter l'œuf battu en remuant continuellement.
f) Répartir la soupe dans des bols de service et servir chaud avec une pincée d'oignon émincé.

38. Bouillon Tonyu

Ingrédients:

- 500 g d'os de dinde (cassés)
- 1 litre de lait de soja
- 20 g de gingembre (tranché)
- 1 bâton de poireau (finement haché)
- sel
- 400 ml d'eau

Les directions:

a) Prenez une grande casserole et ajoutez les os de dinde, le poireau, le gingembre et 400 ml d'eau.

b) Laissez cuire le tout environ 15 minutes avec le couvercle fermé.

c) Ouvrir le couvercle et attendre que le bouillon soit réduit à env. 100-150 ml.

d) Ajouter le lait de soja et laisser cuire encore 10 minutes. Attention : le lait de soja brûle facilement.

e) Filtrer le bouillon. Mettre 235 ml chacun dans un bol à soupe. Ajouter les pâtes et les garnitures au choix.

39. Bouillon miso

Ingrédients:

- 1 carotte moyenne (pelée et hachée grossièrement)
- ½ oignon (épluché et haché grossièrement)
- ½ pomme (épépinée, pelée et coupée grossièrement)
- 1 branche de céleri (grossièrement coupée)
- 3 gousses d'ail (pelées)
- 120 ml d'huile de noix de coco
- 2 cuillères à soupe d'huile de sésame
- 340 g de viande hachée
- 2 cuillères à café de gingembre frais (tranché)
- 1 cuillère à café de Sriracha
- 2 cuillères à soupe de sauce soja
- 1 cuillère à café de vinaigre de cidre de pomme
- 1 cuillère à café de sel
- 1 cuillère à soupe de sésame
- 175 ml Shiro Miso (miso blanc, léger et sucré)
- 175 ml Akamiso Miso (miso rouge, foncé et salé)
- 475 ml de bouillon de poulet ou de légumes

Les directions:

a) Hacher finement la carotte, l'oignon, la pomme et la branche de céleri.

b) Mettez l'huile de noix de coco et 1 cuillère à café d'huile de sésame dans une grande casserole à feu moyen. Ensuite, les légumes et les fruits hachés sont frits dans la poêle pendant environ 10 à 12 minutes, jusqu'à ce que l'oignon soit translucide et que la pomme soit légèrement dorée. Réduisez ensuite légèrement le feu.

c) Ajouter l'hydromel dans la casserole et attendre environ 8 à 10 minutes jusqu'à ce que l'hydromel ne soit plus rose. Ajouter le gingembre, la sauce soja, le vinaigre de cidre de pomme et le sel et bien mélanger le tout.

d) Mettez le tout dans le robot culinaire jusqu'à ce que la viande soit finement hachée. Alternativement, vous pouvez par exemple B. utiliser un presse-purée.

e) Ajouter les graines de sésame et le miso au mélange et bien mélanger. La consistance doit ressembler à une pâte épaisse. Cela crée la base du miso.

f) Porter à ébullition le bouillon de légumes ou de poulet. Ajouter 6 cuillères à café de fond de teint miso.

g) Mettez la soupe prête à l'emploi dans deux bols (env. 235 ml chacun) et ajoutez les pâtes et les garnitures au choix.

40. Bouillon dashi

Ingrédients:

- 10 g de kombu
- 10 g de flocons de bonite
- 720 ml d'eau

Les directions:

a) Prenez une marmite et mettez les flocons de bonite dans une marmite et le kombu dans l'autre.

b) Portez les deux casseroles à ébullition puis laissez-les mijoter pendant 1 heure.

c) Enfin, filtrez les ingrédients et ajoutez les deux infusions ensemble.

d) Mettre 235 ml chacun dans un bol à soupe. Ajouter les pâtes et les garnitures au choix.

41. Bouillon Tonkotsu

Ingrédients:

- Seabura (longe de porc cuite)
- 700 g de râble de porc coupé en lanières
- l'eau

Bouillon Tonkotsu

- 225 g de pattes de poulet (lavées, sans peau et sans orteils)
- 3,6 - 4,5 kg de jarret de porc (cassé, pour la moelle osseuse)
- 455 g de pommes de terre (pelées et coupées grossièrement)
- 4,7 litres d'eau
- Shiodare (pour le goût salé)
- 1 grand morceau rectangulaire de kombu (environ 25 cm de long, coupé grossièrement)
- 2 petits champignons shiitake séchés (écrasés)
- 946 ml d'eau
- 2 cuillères à café de flocons de bonite
- 300 g de coques de moquette
- 140 g de sel
- Shoyudare (pour le goût de la sauce soja)

Les directions:

a) Avant de commencer, préparez le chashu.

b) Commencez par le Seabura : mettez la longe de porc dans une casserole et couvrez d'eau. Porter brièvement l'eau à ébullition et laisser mijoter pendant 4 heures.

c) Cuisson du bouillon Tonkotsu : Faire bouillir l'eau dans une casserole à part. Blanchir les pattes de poulet, les essuyer et les mettre dans une cocotte-minute avec le jarret de porc et les pommes de terre. Couvrir le tout avec 4,7 litres d'eau. Assurez-vous que l'eau et les autres ingrédients ne remplissent pas plus de la moitié de votre casserole.

d) Faites chauffer la casserole jusqu'à ce que de la vapeur s'échappe de la soupape de pression (cela peut prendre jusqu'à 20 minutes). Attendez env. 10 minutes jusqu'à ce que la marmite soit remplie de vapeur. Réglez le feu au maximum et laissez cuire pendant une heure.

e) Préparation du Shiodare : Prenez une casserole moyenne et portez à ébullition le kombu, les champignons shiitake et 950 ml d'eau. Réduire le feu et étaient d'environ 5 minutes. Sortez les champignons kombu et shiitake et transférez le liquide dans une casserole moyenne propre.

f) Ajouter les flocons de bonite au liquide, porter à ébullition. Laisser mijoter 5 minutes. Pressez les flocons de bonite et retirez-les de la soupe. Mettez la soupe dans une casserole moyenne propre.

g) Porter la soupe à ébullition et ajouter les palourdes. Laisser mijoter 5 minutes. Retirer les moules avec une passoire. Transférer un litre de bouillon dans une nouvelle casserole et ajouter le sel (140 g).

h) Au bout d'une heure, retirez l'autocuiseur du feu et relâchez la pression. Broyer les os de porc pour exposer la moelle osseuse. Cuire le tout à feu doux pendant encore une heure en remuant encore et encore.

i) Ajoutez une cuillère à café de chashu et de shiodare aux bols à soupe que vous prévoyez d'utiliser avec le repas.

j) Retirez la râble de porc qui mijote du feu et versez l'eau. Couper la viande en petits morceaux (environ 5 cm). Poussez la viande entière morceau par morceau à travers un tamis grossier pour la hacher. Seabura est prêt.

k) Filtrez la soupe hors de l'autocuiseur et mettez-la dans une casserole séparée et gardez-la au chaud. Porter à nouveau la soupe à ébullition juste avant de servir.

l) Couper le Chashu en morceaux de 6 mm et les faire revenir dans une poêle jusqu'à ce qu'ils soient croustillants.

m) Pour terminer votre soupe, ajoutez la soupe Tonkotsu bien chaude (235 ml) dans le bol à soupe. Ajouter une cuillère à café de Seabura à chaque portion. Ajouter les pâtes et les garnitures au choix.

42. Bouillon Shoyu

Ingrédients:

- 4 cuillères à café d'huile de noix de coco
- 2 carottes moyennes (pelées et hachées grossièrement)
- ½ oignon (épluché et haché grossièrement)
- 3 oignons nouveaux (tranchés)
- 1 pomme (épépinée, pelée et coupée grossièrement)
- 2 branches de céleri (coupées grossièrement)
- 5 gousses d'ail (pelées)
- 5 champignons shiitake séchés (cassés en petits morceaux)
- 1 poulet entier
- 4 morceaux de queue de bœuf (env. 5 cm chacun)
- 1 citron (en quartiers)
- 2,2 litres de bouillon de poulet à faible teneur en sodium
- 175 ml de sauce soja
- 4 cuillères à soupe de granulés de dashi
- 2 cuillères à café de sel
- ½ cuillère à café de poivre blanc
- 1 feuille de laurier

Les directions:

a) Mettez l'huile de noix de coco, les carottes, l'oignon, la pomme, le céleri, le Konoblauch et le tas de shiitake séchés dans la cocotte.

b) Ajouter ensuite le poulet entier, la queue de bœuf et le citron. Placez le faitout au four pendant 8 à 10 heures et chauffez-le à 90 ° C. Lorsque la queue de bœuf se détache facilement de l'os, c'est prêt.

c) Utilisez une écumoire pour enlever les morceaux les plus grossiers. Filtrer le reste dans une grande casserole. Vous devriez maintenant avoir une soupe brune, brillante et riche en matières grasses.

d) Portez la soupe à ébullition dans une casserole. Mettre 235 ml de soupe dans chaque bol à soupe. Ajouter les pâtes et les garnitures au choix.

43. Bouillon Shio

Ingrédients:

- 1 carotte moyenne (pelée et hachée grossièrement)
- ½ oignon (épluché et haché grossièrement)
- 3 oignons nouveaux (tranchés)
- ½ pomme (épépinée, pelée et coupée grossièrement)
- 1 branche de céleri (coupée)
- 3 gousses d'ail
- 5 champignons shiitake frais
- 120 ml d'huile de noix de coco
- 1 cuillère à café d'huile de sésame
- 3 cuillères à soupe de granulés de dashi
- 2 cuillères à café de sel

Bouillon:

- 2 cuillères à café de beurre non salé (par portion)
- Bouillon de poulet ou de légumes faible en sodium (235 ml par portion)
- Mirin (vin de riz doux; 2 cuillères à café par portion)
- 1 grand morceau rectangulaire de kombu (environ 25 cm de long, coupé grossièrement)

- Champignons shiitake séchés (écrasés; 2 champignons par portion)

Les directions:

a) Mettez la carotte, l'oignon, la ciboule, la pomme, les gousses d'ail et les champignons shiitake frais dans un robot culinaire et hachez le tout jusqu'à ce qu'une pâte se forme.

b) Chauffer l'huile de noix de coco et l'huile de sésame dans une casserole moyenne à feu moyen. Ajouter la pâte de fruits et légumes et cuire environ 10-12 minutes. Ajouter ensuite les granulés de dashi et le sel. Bien mélanger.

c) Pour le bouillon, mettez le beurre dans une grande casserole et mettez-le à feu moyen. Lorsque le beurre commence à brunir légèrement et à sentir la noisette, ajouter le bouillon de poulet ou de légumes, le mirin, le kombu et les champignons shiitake séchés. Portez à ébullition.

d) Puis baissez le feu et laissez mijoter 15 minutes. Utilisez une écumoire pour enlever les morceaux les plus grossiers. Ajouter la base de légumes et de fruits Shio.

e) Mettre 235 ml chacun dans un bol à soupe. Ajouter les pâtes et les garnitures au choix.

44. Bouillon de dashi végétalien

Ingrédients:

- 25 g de champignons shiitake (séchés)
- 10 g de kombu
- 1 litre d'eau

Les directions:

a) Prenez un pot et mettez le tas de shiitake dans un pot et le kombu dans l'autre.

b) Portez les deux casseroles à ébullition puis laissez-les mijoter pendant 1 heure.

c) Enfin, filtrez les ingrédients et ajoutez les deux infusions ensemble.

d) Mettre 235 ml chacun dans un bol à soupe. Ajouter les pâtes et les garnitures au choix.

45. Bouillon végétarien Kotteri

portions : 8

Ingrédients:

- 500 g de courge musquée (env. 300 g pelée et coupée grossièrement)
- 2 oignons (épluchés et hachés grossièrement)
- 3 gousses d'ail (pelées)
- 100 g de champignons shiitake frais
- 6 champignons shiitake séchés
- 6-8 g de kombu
- 2 litres d'eau
- 2 cuillères à café de poudre de paprika
- 2 cuillères à soupe de gingembre (haché)
- 75 ml de sauce soja
- 4 Pâte de miso WL
- 3 cuillères à soupe de vinaigre de riz
- 3 cuillères à soupe d'huile de noix de coco
- 2 cuillères à café de sel
- huile d'olive

Les directions:

a) Préchauffer le four à 250°C.

b) Prenez une grande casserole et portez environ 2 litres d'eau à ébullition. Ajouter les champignons shiitake séchés et le kombu. Baisser le feu et laisser mijoter le tout environ 1h.

c) Mélangez la citrouille, les oignons, l'ail et les champignons shiitake frais avec un peu d'huile d'olive et de paprika et étalez-le sur une plaque à pâtisserie.

d) Cuire les légumes au four environ 15

e) minutes. Baissez la température à 225°C et laissez cuire encore 15 minutes.

f) Après que le bouillon ait mijoté pendant une heure, retirez les champignons et le kombu, et ajoutez les légumes et le gingembre. Laisser mijoter le bouillon pendant 20 minutes avec le couvercle fermé.

g) Mixer finement le bouillon.

h) Ajoutez ensuite la pâte de miso, la sauce soja, le vinaigre de riz, l'huile de noix de coco et le sel et réduisez le bouillon en purée. Si nécessaire, le bouillon peut être dilué avec de l'eau.

i) Mettre 235 ml chacun dans un bol à soupe. Ajouter les pâtes et les garnitures au choix.

46. Bouillon de légumes Umami

portions : 12

Ingrédients:

- 2 cuillères à soupe de pâte miso légère
- 2 cuillères à soupe d'huile de colza
- 2 cuillères à soupe d'eau
- 2 oignons (pelés et hachés finement)
- 2 carottes (pelées et hachées finement)
- 4 branches de céleri (finement hachées)
- 1 bâton de poireau (finement haché)
- 1 bulbe de fenouil (finement haché)
- 5 racines de coriandre
- 1 tête d'ail (coupée en deux)
- ½ bouquet de persil plat
- 5 champignons shiitake séchés
- 20 g de kombu
- 2 cuillères à café de sel
- 1 cuillère à café de poivre noir
- 2 feuilles de laurier

- ½ cuillère à café de graines de moutarde jaune
- ½ cuillère à café de graines de coriandre
- 3,5 litres d'eau

Les directions:

a) Mélanger la pâte de miso avec l'huile de colza et 2 cuillères à soupe d'eau et réserver.

b) Placer les légumes, le kombu et les champignons shiitake sur une plaque à pâtisserie. Versez dessus la pâte de miso mélangée. Laissez le tout au four pendant 1 heure à 150°C. Retournez-le entre temps.

c) Mettez ensuite les légumes rôtis dans une grande casserole. Ajouter les épices et verser l'eau. Portez le tout à ébullition, baissez le feu puis laissez mijoter 1h30.

d) Mettre 235 ml chacun dans un bol à soupe. Ajouter les pâtes et les garnitures au choix.

47. Soupe à l'oignon claire

Portions : 6

Ingrédients

- 6 tasses de bouillon de légumes (vous pouvez également utiliser du bouillon de poulet ou de bœuf, ou une combinaison des deux si vous en avez. Assurez-vous d'utiliser une variété à faible teneur en sodium)
- 2 oignons (coupés en dés)
- 1 branche de céleri (en dés)
- 1 carotte (pelée et coupée en dés)
- 1 cuillère à soupe d'ail (haché)
- ½ cuillère à café de gingembre (haché)
- 1 cuillère à café d'huile de sésame
- 1 tasse de champignons de Paris (tranchés très finement)
- ½ tasse d'oignons verts (tranchés)
- goûter sel et poivre
- au goût sauce soja (facultatif)
- goûter Sriracha (facultatif)

les directions

a) Faire revenir les oignons dans une casserole dans un peu d'huile jusqu'à ce qu'ils soient légèrement caramélisés. Environ 10 minutes.

b) Ajouter la carotte, le céleri, l'ail et le gingembre, l'huile de sésame et le bouillon. Assaisonner au goût avec du sel et du poivre.

c) Porter à ébullition puis laisser mijoter 30 minutes.

d) Filtrer les légumes du bouillon.

e) Ajouter une poignée d'oignons verts et de champignons émincés dans des bols. Versez la soupe dessus.

f) Facultatif : Ajouter un peu de sauce soja et de sriracha au goût.

RISOTTO

48. Risotto balsamique

Rendement : 1 portions

Ingrédients

- 100 grammes de beurre
- ½ oignon
- 1 feuille de laurier
- 1 pincée de romarin séché
- 300 grammes de riz arborio
- 1 tasse de bouillon de légumes
- ½ litre de cabernet ou de barolo
- Parmesan fraîchement râpé
- Vinaigre balsamique

Les directions:

a) Mettez 50g de beurre, le demi oignon haché, la feuille de laurier et la pincée de romarin dans une cocotte et faites cuire à feu moyen jusqu'à ce que l'oignon soit transparent.

b) Ajouter ensuite le riz et remuer continuellement pendant une minute jusqu'à ce que tout soit bien mélangé. Ajoutez ensuite une "bonne" tasse de bouillon de légumes et portez le tout à ébullition.

c) Ajouter le demi-litre de vin rouge et laisser évaporer l'alcool. Au bout de 15 minutes ajouter le parmesan fraîchement râpé et les 50g de beurre restants.

d) Remuer puis laisser cuire encore une minute.

e) Juste avant de retirer du feu ajouter un petit verre de vinaigre balsamique.

49. Risotto aux bleuets aux cèpes

Rendement : 4 portions

Ingrédients

- 8¾ oz Bolets frais, tranchés
- 1 petit oignon ; haché finement
- ¾ once de beurre
- 5 onces de riz Risotto ; non poli
- 5½ onces de bleuets
- ¼ tasse de vin blanc; sécher
- 1¾ tasse de Bouillon
- ¼ tasse d'huile d'olive
- 1 Branche de thym
- 1 gousse d'ail; en purée
- 2 onces de beurre

Les directions:

a) Dans une casserole faire chauffer le beurre et faire revenir l'oignon. Incorporer le riz et les myrtilles, sauter brièvement. Mouiller avec le vin, cuire jusqu'à absorption; mouiller avec le bouillon et cuire jusqu'à tendreté. Remuer continuellement, si nécessaire ajouter un peu de bouillon. Assaisonnez avec du sel et du poivre.

b) Dans une poêle chauffer l'huile, faire revenir les champignons, l'ail et le thym. Incorporer le beurre au risotto. Transvaser dans des assiettes chaudes et décorer de champignons.

50. Risotto aux carottes et brocolis

Rendement : 4 portions

Ingrédients

- 5 tasses de bouillon de poulet à faible teneur en sodium; ou bouillon de légumes
- 1 cuillère à soupe d'huile d'olive
- 2 carottes entières; finement coupé en dés (1 tasse)
- ½ tasse d'échalotes; haché
- 1 tasse de fenouil; haché finement
- 2 tasses de riz ; (arboricole)
- ¼ tasse de vin blanc sec
- 2 tasses de bouquets de brocoli
- 2 carottes entières; râpé
- 2 cuillères à soupe de parmesan râpé
- 1 cuillère à soupe de jus de citron frais
- 2 cuillères à café de zeste de citron
- 2 cuillères à café de thym frais; haché
- ½ cuillère à café de sel
- Poivre noir fraîchement moulu; goûter

Les directions:

a) Dans une casserole moyenne, porter le bouillon à ébullition. Baisser le feu pour laisser mijoter. Dans une grande casserole large et à fond épais, chauffer l'huile d'olive à feu moyen. Ajouter les carottes et les échalotes coupées en dés et cuire jusqu'à ce que les échalotes commencent à ramollir, environ 6 minutes.

b) Ajouter le fenouil et le riz et cuire, en remuant constamment, jusqu'à ce que le riz soit bien enrobé, 1 à 2 minutes. Ajouter le vin blanc et cuire jusqu'à ce qu'il soit absorbé.

c) Ajouter 1 tasse de bouillon frémissant dans la grande casserole et poursuivre la cuisson en remuant jusqu'à ce que le bouillon soit presque entièrement absorbé. Continuez à ajouter du bouillon, $\frac{1}{2}$ tasse à la fois, en remuant et en cuisant jusqu'à ce que le bouillon soit absorbé et que le riz se détache du côté de la casserole avant chaque ajout.

d) Continuez jusqu'à ce que toutes les tasses sauf 1 et $\frac{1}{2}$ du bouillon aient été absorbées, 15 à 20 minutes.

e) Ajouter le brocoli et les carottes râpées et poursuivre la cuisson et ajouter le bouillon, $\frac{1}{4}$ tasse à la fois, jusqu'à ce que le riz soit crémeux mais ferme au centre. Cela devrait prendre encore 5 à 10 minutes.

f) Retirer du feu, incorporer le parmesan, le jus, le zeste, le thym, le sel, le poivre et servir immédiatement.

51. Risotto aux chanterelles

Rendement : 2 portions

Ingrédients

- 1 petit oignon rouge; haché finement
- 1 gousse d'ail; haché finement
- 8 onces de chanterelles
- 1 cuillère à soupe de feuilles de basilic frais; haché
- 3 onces de beurre
- 2 onces de parmesan frais; râpé (facultatif)
- 6 onces de riz risotto italien
- 5 onces de vin blanc
- 15 onces de bouillon de légumes

Les directions:

a) Dans une grande poêle, faire revenir doucement l'oignon et l'ail dans la moitié du beurre, jusqu'à ce qu'ils soient tendres et dorés. Ajouter le basilic et les chanterelles et cuire quelques minutes.

b) Ajouter le riz, faire revenir pendant une minute en remuant continuellement.

c) Versez le vin et la moitié du bouillon, portez à ébullition, puis couvrez la casserole et laissez mijoter. Vérifiez de temps en temps si le riz sèche, et ajoutez plus de bouillon si c'est le cas.

d) Lorsque le riz est juste cuit, incorporer le reste du beurre et le fromage. Cuire encore quelques minutes en remuant.

e) Servir avec une salade verte et quelques ciabatta.

52. Risotto aux cèpes et truffes

Rendement : 4 portions

Ingrédients:

- 25 grammes de beurre ; (1 once)
- 1 cuillère à soupe d'huile d'olive
- 1 oignon moyen ; haché finement
- 250 grammes de riz pour risotto Arborio ; (8 onces)
- 2 cubes de bouillon de légumes
- 2 paquets de 20 g de cèpes
- 2 cuillères à soupe de fromage Mascarpone
- 1 cuillère à café de crème de truffe
- Sel et poivre noir fraîchement moulu
- copeaux de parmesan

Les directions:

a) Faire chauffer le beurre et l'huile d'olive dans une grande poêle peu profonde, ajouter l'oignon et faire revenir doucement à feu moyen pendant 3-4 minutes. Incorporer le riz et cuire encore une minute en enrobant le riz d'huile.

b) Ajouter petit à petit le bouillon chaud en remuant sans cesse, ajouter du bouillon au fur et à mesure que le bouillon est absorbé. Répétez ce processus jusqu'à ce que tout le bouillon ait été incorporé, cela prendra environ 20 minutes.

c) Incorporer enfin les cèpes et le liquide réservé, le mascarpone, la crème de truffe et assaisonner avec du sel et du poivre noir fraîchement moulu et chauffer encore 1-2 minutes. Servir immédiatement avec des copeaux de parmesan.

53. Risotto Puschlaver

Rendement : 4 portions

Ingrédients:

- 30 grammes de cèpes séchés ou autre champignon
- 100 grammes de beurre
- 1 x oignon, haché fin
- $\frac{1}{8}$ cuillère à café de safran, coupé en petits morceaux
- 1 décilitre de vin rouge
- 350 grammes Riz Risotto (Arborio)
- 8 décilitres de bouillon
- 100 grammes Fromage râpé
- 250 grammes de veau coupé en fines lanières
- 1 décilitre de crème épaisse
- 2 tomates, pelées et coupées en cubes
- 1 bouquet de persil, haché fin

Les directions:

a) Faites tremper les champignons, puis égouttez-les et séchez-les bien. Réserver le liquide de trempage.

b) Faire fondre 40 g de beurre dans une poêle : ajouter l'oignon, les champignons, l'ail et faire sauter rapidement ; puis ajouter le vin rouge et baisser le feu pour qu'il soit en partie absorbé. Ajoutez ensuite le riz et le safran et mélangez bien. Ajouter le bouillon et l'eau des champignons, remuer et réduire le feu à ébullition.

c) Cuire lentement jusqu'à ce que le liquide soit absorbé. Le riz doit être al dente. -- Le beurre et le fromage râpé sont mélangés avec le risotto lorsqu'il est complet.

d) Fariner légèrement le veau et le faire revenir dans plus de beurre; quand c'est fait, baissez le feu et ajoutez la crème en remuant soigneusement. Faites une "boite" au milieu du risotto et versez-y le mélange de veau et de crème.

e) En garniture, faire revenir les tomates et le persil dans le reste du beurre et répartir sur le dessus du risotto.

f) Servir.

54. Risotto au champagne

Rendement : 4 portions

Ingrédients:

- 1 once de champignons séchés
- 3 cuillères à soupe de beurre
- 2 cuillères à soupe d'huile d'olive
- $\frac{1}{4}$ Oignon jaune; hachées grossièrement
- $1\frac{1}{2}$ tasse de riz Arborio italien; cru
- 3 tasses de bouillon de poulet; frais ou en conserve
- 1 tasse de champagne ou de vin blanc sec
- $\frac{1}{2}$ tasse de crème fouettée
- Sel; goûter

Les directions:

a) Faire tremper les champignons dans 1 tasse d'eau chaude jusqu'à ce qu'ils soient tendres, environ 1 heure. Égoutter et utiliser le liquide à d'autres fins, peut-être un bouillon de soupe. N'utilisez pas l'eau de champignons dans le risotto car elle couvrira la saveur de la crème et du vin. Hacher les champignons. Faites chauffer une casserole épaisse de 4 pintes et ajoutez le beurre, l'huile, les oignons et les champignons.

b) Cuire jusqu'à ce que les oignons soient clairs, puis ajouter le riz. Remuez soigneusement pour que chaque grain soit enrobé d'huile. Dans une casserole séparée, porter le bouillon de poulet à ébullition.

c) Ajouter 1 tasse de bouillon au riz, en remuant pour assurer un bon plat crémeux. Continuez à ajouter du bouillon au fur et à mesure qu'il est absorbé. Lorsque le bouillon est absorbé, ajouter le champagne et poursuivre la cuisson en remuant doucement.

d) Lorsque le riz commence à devenir tendre, ajouter la crème et cuire jusqu'à ce que le riz soit tendre mais encore un peu caoutchouteux. Goûtez pour le sel et servez immédiatement.

55. Risotto aux champignons et pecorino

Pour 2

Ingrédients:

- cèpes séchés 25g
- cube de bouillon de légumes 1
- huile d'olive 2 cuillères à soupe
- champignons marrons 200g, en quartiers
- beurre 25g
- 3 échalotes finement hachées
- ail 1 gousse, écrasée
- riz arborio 150g
- vin blanc 1 verre
- épinards 100g, hachés
- pecorino (ou alternative végétarienne) 50g, finement râpé, plus un peu plus pour servir, si vous aimez
- citron 1, zesté

Les directions:

- Mettez les cèpes dans un petit bol, versez 300 ml d'eau bouillante et laissez tremper 15 minutes.
- Filtrer le liquide à travers un tamis fin dans une carafe et compléter avec de l'eau bouillante à 600 ml. Émietter le

cube de bouillon ou incorporer 1 cuillère à café de bouillon en poudre ou liquide. Hacher grossièrement les cèpes.

- Faites chauffer 1 cuillère à soupe d'huile d'olive dans une poêle antiadhésive large et peu profonde et ajoutez les champignons châtaignes.

- Faire frire, en gardant le feu assez élevé, jusqu'à ce que les champignons soient dorés et aient un peu rétréci (cela aidera à concentrer la saveur). Grattez les champignons de la poêle dans un bol et essuyez la poêle.

- Ajouter 1 cuillère à soupe d'huile et le beurre dans la poêle et cuire les échalotes et l'ail jusqu'à ce qu'ils soient ramollis. Ajouter les cèpes et le riz à risotto et remuer jusqu'à ce qu'ils soient enrobés. Verser le vin et laisser mijoter jusqu'à ce qu'il soit tout absorbé.

- Ajouter progressivement le liquide du bouillon de cèpes en remuant jusqu'à ce que le riz soit presque tendre, puis ajouter les cèpes.

- Ajouter le dernier bouillon avec les épinards, le pecorino et le zeste de citron.

- Retirez du feu, mettez un couvercle et laissez reposer pendant 5 minutes avant de servir dans des bols avec du fromage supplémentaire, si vous le souhaitez.

56. Riz sauvage et risotto aux champignons

Pour 4 personnes

Ingrédients:

- ail 1 bulbe entier
- huile d'olive
- 4 échalotes finement hachées
- vin blanc 125ml
- mélange de riz sauvage 300g
- thym 2 brins, feuilles cueillies
- bouillon de légumes 2 litres, chauffé
- riz arborio 100g
- champignons mélangés 200g, nettoyés et tranchés
- crème fraîche faible en gras 2 cuillères à soupe

Les directions:

- Chauffez le four à 200°C/ventilateur 180°C/gaz 6. Coupez le haut du bulbe d'ail afin que la plupart des gousses soient exposées.

- Frottez avec 1 cuillère à café d'huile, assaisonnez, enveloppez bien dans du papier d'aluminium et placez le côté coupé vers le haut sur une plaque à pâtisserie. Rôtir pendant 30 à 40 minutes jusqu'à ce que l'ail soit vraiment tendre lorsque vous le pressez.

- Faites chauffer 1 cuillère à café d'huile dans une poêle et faites revenir les échalotes jusqu'à ce qu'elles soient tendres. Ajouter le vin et laisser mijoter jusqu'à réduction de moitié, puis incorporer le mélange de riz sauvage et la moitié du thym. Ajouter le bouillon 1/3 à la fois en remuant souvent.

- Après 20 minutes et environ 2/3 du bouillon incorporé, ajouter l'arborio et cuire encore 20 minutes, ou jusqu'à ce que le riz soit tendre. Ajoutez un peu d'eau si tout le bouillon a été absorbé mais que le riz n'est pas cuit.

- Faites frire les champignons dans 1 cuillère à café d'huile pendant 5 à 10 minutes jusqu'à ce qu'ils soient dorés et tendres. Assaisonner et ajouter les feuilles de thym restantes.

- Incorporer les champignons et la crème fraîche au risotto. Pressez les gousses d'ail hors de leur peau et remuez pour servir.

57. Risotto aux champignons et aux épinards

Pour 2

Ingrédients:

a) cèpes séchés 25g

b) beurre 50g

c) 1 petit oignon finement haché

d) ail 1 gousse, écrasée

e) champignons marrons 200g, tranchés

f) riz à risotto 150g

g) vin blanc un verre

h) bouillon de légumes 750 ml, maintenu à ébullition

i) épinards 100g, lavés et hachés

j) quelques copeaux de parmesan (facultatif)

Les directions:

a) Faire tremper les cèpes dans une tasse d'eau bouillante pendant 10 minutes. Filtrer le liquide à travers un tamis pour enlever tout grain et réserver pour le risotto. Hacher grossièrement les cèpes.

b) Faire chauffer le beurre dans une large casserole peu profonde et faire revenir l'oignon et l'ail jusqu'à ce qu'ils soient tendres. Ajouter les cèpes et cuire 5 minutes, puis ajouter les cèpes et le riz à risotto et remuer jusqu'à ce qu'ils soient bien enrobés.

c) Verser le vin et faire mousser jusqu'à ce qu'il soit entièrement absorbé. Ajouter graduellement le bouillon et le liquide de trempage des cèpes, en remuant jusqu'à ce que le riz soit tendre mais encore un peu croquant (vous n'aurez peut-être pas besoin de tout le bouillon).

d) Incorporer les épinards jusqu'à ce qu'ils soient juste flétris. Servir saupoudré d'un peu de parmesan si vous le souhaitez.

58. Gâteau Risotto Aux Champignons

Pour 8 personnes

Ingrédients:

e) huile d'olive

f) oignons 2, hachés finement

g) ail 3 gousses écrasées

h) riz à risotto 350g

i) bouillon de légumes 1 litre, chaud

j) champignons sauvages 200g

k) beurre 25g, plus une noisette

l) thym 5 brins

m) parmesan ou grana padano (ou alternative végétarienne) 85g, râpé

n) ricotta 150g

o) oeufs 2, battus à la fourchette

p) taleggio ou alternative végétarienne 85g, tranché finement

Les directions:

- Faites chauffer 2 cuillères à soupe d'huile d'olive dans une grande poêle et faites revenir les oignons et l'ail doucement jusqu'à ce qu'ils soient bien ramollis.

- Incorporer le riz pendant une minute, puis commencer à incorporer le bouillon, une louche à la fois, en laissant chaque louche être absorbée avant d'ajouter la suivante. Poursuivre la cuisson et ajouter le bouillon pendant environ 20 minutes, jusqu'à ce que le riz soit tendre. Étaler sur une plaque pour refroidir et raffermir un peu.

- Pendant ce temps, chauffez le four à 180°C/chaleur tournante 160°C/gaz 4. Beurrez légèrement un moule à fond amovible de 22 cm de diamètre. Versez les champignons dans la poêle à frire nettoyée avec le beurre et les feuilles de thym de 2 brins, et faites-les frire jusqu'à ce qu'ils soient dorés et tendres.

- Versez le riz refroidi dans un bol à mélanger avec la plupart des champignons, tout le parmesan, la ricotta et les œufs, ajoutez beaucoup d'assaisonnement et mélangez bien.

- Verser le mélange de riz dans le moule et presser fermement pour lisser le dessus. Répartir les champignons restants, le taleggio et les brins de thym et presser pour que tout colle ensemble, puis arroser d'un peu d'huile d'olive.

- Cuire au four pendant 25 à 30 minutes jusqu'à ce qu'ils soient dorés et croustillants sur le dessus. Laisser refroidir pendant 20 minutes, puis couper en quartiers et servir avec une salade.

59. Risotto aux œufs et germes de soja

Rendement : 4 portions

Ingrédients

- 4 œufs
- 1 gros oignon ; finement tranché
- 1 Poivron vert; épépiné et tranché
- 2 cuillères à soupe d'huile végétale
- 125 grammes Champignons; découpé en tranches
- 225 grammes de blé concassé (bulgare)
- 400 grammes de tomates hachées de première qualité en conserve
- 450 millilitres de bouillon de légumes fait avec un cube de bouillon
- 200 grammes de germes de soja
- 4 cuillères à soupe de sauce Satay pour sauté
- Sel et poivre noir fraîchement moulu
- Feuilles de coriandre fraîche pour garnir, facultatif

Les directions:

a) Placer les œufs dans une casserole d'eau froide, porter à ébullition et laisser mijoter 7 minutes jusqu'à ce qu'ils soient durs. Égouttez, cassez immédiatement les coquilles, puis passez sous l'eau froide courante jusqu'à refroidissement. Laisser dans un bol jusqu'à utilisation.

b) Cuire l'oignon et le poivron dans l'huile dans une grande poêle pendant 3-4 minutes jusqu'à ce qu'ils soient tendres. Ajouter les champignons et le blé concassé, bien mélanger le tout, puis ajouter les tomates concassées et le bouillon de légumes.

c) Porter à ébullition, puis laisser mijoter 10 minutes jusqu'à ce que le blé soit bien gonflé et que le bouillon soit presque entièrement absorbé.

d) Pendant ce temps, écalez les œufs, hachez-en trois grossièrement et coupez celui qui reste en quartiers et réservez.

e) Ajouter les œufs hachés au mélange de blé et de sauce satay et chauffer pendant 2-3 minutes.

f) Bien assaisonner de sel et de poivre, puis transformer le risotto dans un plat de service réchauffé et garnir avec l'œuf restant et quelques feuilles de coriandre fraîche, le cas échéant.

60. Risotto aux tomates et champignons

Rendement : 1 portions

Ingrédients

- 1 livre de tomates fraîches ; coupé en deux et épépiné
- Arroser d'huile d'olive
- sel
- Poivre noir fraichement moulu
- 4 champignons Portobello moyens; écorché et nettoyé
- 1 livre de fromage mozzarella frais; découpé en tranches
- 1 cuillère à soupe d'huile d'olive
- 1 tasse d'oignons hachés
- 6 tasses d'eau
- 1 cuillère à café d'ail haché
- 1 livre de riz arborio
- 1 cuillère à soupe de beurre non salé
- $\frac{1}{4}$ tasse de crème épaisse
- $\frac{1}{2}$ tasse de fromage Parmigiano-Reggiano fraîchement râpé
- 3 cuillères à soupe d'oignons verts hachés;

Les directions:

a) Préchauffez le gril à 400 degrés. Dans un saladier, mélanger les tomates avec l'huile d'olive, le sel et le poivre. Placer sur le gril et cuire 2 à 3 minutes de chaque côté. Retirer du gril et réserver. Préchauffer le four à 400 degrés.

b) Placer les champignons portobello sur une plaque à pâtisserie recouverte de papier sulfurisé, cavité vers le haut. Arroser les deux côtés des champignons avec l'huile d'olive.

c) Assaisonner les deux côtés avec du sel et du poivre. Éventez un quart du fromage sur chaque cavité du champignon.

d) Mettre au four et cuire jusqu'à ce que les champignons soient tendres et que le fromage bouillonne, environ 10 minutes. Faire chauffer l'huile d'olive dans une grande sauteuse à feu moyen.

e) Ajouter les oignons. Assaisonnez avec du sel et du poivre. Faire sauter jusqu'à ce que les oignons soient légèrement tendres, environ 3 minutes.

f) Ajouter l'eau et l'ail. Porter le mélange à ébullition, réduire le feu à moyen et laisser mijoter environ 6 minutes.

g) Ajouter le riz et laisser mijoter en remuant constamment jusqu'à ce que le mélange soit crémeux et bouillonnant, environ 18 minutes. Incorporer le beurre, la crème, le fromage et les oignons verts.

h) Laisser mijoter environ 2 minutes en remuant constamment. Retirer du feu et incorporer les tomates. Pour servir, couper chaque portobello en quartiers. Verser le risotto dans chaque plat de service. Déposer 2 tranches de portobello sur le risotto.

i) Garnir de persil.

61. Risotto aux asperges et champignons

Rendement : 4 portions

Ingrédient

a) Huile d'olive ou de salade

b) 1½ livre d'asperges, extrémités dures coupées et lances coupées en morceaux de 1 1/2 pouce

c) 2 carottes moyennes, tranchées finement

d) ¼ livres de champignons shiitake, tiges enlevées et chapeaux coupés en tranches de 1/4 de pouce d'épaisseur

e) 1 oignon moyen, haché

f) 1 poivron rouge moyen, coupé en fines lanières d'allumettes de 1 pouce de long

g) 2 paquets (5,7 oz) de mélange pour risotto à saveur de primavera OU de champignons

h) Brins de persil pour la décoration

i) Parmesan râpé (facultatif)

Les directions:

- Dans une casserole de 4 pintes à feu moyen-vif, dans 1 T d'huile d'olive ou de salade chaude, cuire les asperges jusqu'à ce qu'elles soient dorées et tendres. À l'aide d'une écumoire, retirer les asperges dans un bol.

- Dans l'huile qui reste dans la casserole et l'huile d'olive ou à salade chaude supplémentaire, faire cuire les carottes, les champignons et l'oignon jusqu'à ce que les légumes soient croustillants et commencent à dorer. Ajouter le poivron rouge; cuire, en remuant, 1 minute.

- Ajouter le mélange pour risotto et 4 C d'eau, à feu vif, porter à ébullition.

- Réduire le feu à doux; couvrir et laisser mijoter 20 minutes. Retirer la casserole du feu. Incorporer les asperges; couvrir et laisser reposer 5 minutes pour permettre au riz d'absorber le liquide.

- Pour servir, déposer le risotto sur une assiette. Garnir de brins de persil.

- Servir avec du parmesan râpé, si vous aimez.

62. Risotto aux légumes d'automne

Rendement : 4 portions

Ingrédients

- 2 cuillères à soupe d'huile d'olive
- 2 cuillères à soupe de beurre
- 1 oignon, haché
- 2 gousses d'ail, hachées
- 1 tasse de champignons, tranchés
- 1 courgette, gros dés
- 1 Poivron rouge doux, coupé en dés
- 1 tasse de grains de maïs, cuits
- 1 cuillère à café de romarin frais, haché
- ¼ cuillère à café de poivre
- pincée de sel
- pincée Flocons de piment fort
- 1 cuillère à soupe de zeste de citron, râpé
- 1½ tasse de riz arborio
- 4½ tasse de bouillon de légumes/poulet
- ¾ tasse de parmesan, fraîchement râpé

- 1 cuillère à soupe de jus de citron

Les directions:

a) Dans une grande casserole à fond épais, chauffer la moitié de l'huile et du beurre à feu moyen; cuire l'oignon, l'ail et les champignons, en remuant, pendant 5 minutes ou jusqu'à ce qu'ils aient ramolli.

b) Ajouter la courgette, le poivron rouge, le maïs, le romarin, le poivre, le sel et les flocons de piment fort; cuire en remuant pendant 3 à 5 minutes ou jusqu'à ce que le liquide se soit évaporé.

c) Retirer de la poêle et réserver; Garder au chaud.

d) Chauffer le reste de l'huile et du beurre dans la même poêle à feu moyen-vif. Ajouter le zeste de citron et le riz; cuire, en remuant, pendant 1 minute. Incorporer ½ tasse de bouillon; cuire, en remuant constamment, jusqu'à ce que tout le liquide soit absorbé.

e) Continuez à ajouter du bouillon, ½ tasse à la fois, en cuisant et en remuant jusqu'à ce que chaque ajout soit absorbé avant d'ajouter le suivant, jusqu'à ce que le riz soit tendre 15 à 18 minutes au total.

f) Incorporer ½ tasse de fromage. Incorporer le jus de citron et le mélange de légumes; réchauffer. Assaisonner avec plus de sel et de poivre au goût.

63. Risotto végétalien

Ingrédients

- 4 onces de champignons shiitake séchés
- 1/2 tasse d'eau bouillante
- 2 1/2 tasses de bouillon de légumes
- 1/4 tasse de jus de citron
- 2 tasses d'épinards (hachés)
- 1 cuillère à café de sel de mer (et plus au goût)
- 2 cuillères à soupe d'huile d'olive (divisée)
- 2 grosses gousses d'ail (finement hachées)
- 1/2 tasse d'oignons (finement hachés)
- 8 onces de champignons crimini (tranchés)
- 1 cuillère à café de thym séché
- 1 tasse de riz Arborio (non cuit)
- 1/2 tasse de vin blanc sec
- 1 cuillère à soupe de margarine de soja sans produits laitiers
- 1 1/2 cuillères à soupe de levure alimentaire
- Poivre noir (au goût)

a) Dans un petit bol résistant à la chaleur, mélanger les champignons shiitake avec l'eau bouillante et les laisser tremper à découvert pendant 30 minutes. Égoutter le liquide dans une casserole de taille moyenne et utiliser les champignons à d'autres fins.

b) Ajouter le bouillon de légumes dans la casserole, porter le mélange à ébullition, réduire le feu à ébullition et couvrir.

c) Dans un petit bol, mélanger le jus de citron, les épinards et le sel. Mettre de côté.

d) Dans une autre casserole à fond épais à feu moyen, chauffer 1 cuillère à soupe d'huile d'olive. Ajouter l'ail et les oignons hachés et cuire, en remuant de temps en temps, jusqu'à ce que les oignons soient tendres et translucides, environ 6 à 8 minutes.

e) Ajouter les champignons crimini et le thym et cuire jusqu'à ce que les champignons soient tendres, environ 4 minutes de plus.

f) Ajoutez la cuillère à soupe d'huile d'olive restante et le riz et, en remuant constamment, faites cuire jusqu'à ce que le riz soit uniformément enrobé et fasse des bruits de claquement et de claquement, environ 4 minutes.

g) Ajouter le vin en remuant constamment jusqu'à ce que tout le liquide soit complètement absorbé.

h) Verser 3/4 tasse du bouillon frémissant dans le riz et cuire, en continuant de remuer, jusqu'à ce que la majeure partie du liquide soit absorbée. Continuez à ajouter le bouillon par incréments de 3/4 de tasse, en permettant au liquide d'être absorbé avant un autre ajout jusqu'à ce que le riz soit translucide sur les bords mais toujours solide au milieu et que le riz ait une consistance crémeuse, environ 20 minutes.

i) Ajouter le mélange de jus d'épinards et de citron réservé et cuire environ 2 à 3 minutes, en remuant constamment, ou jusqu'à ce que les épinards soient fanés et vert vif.

j) Incorporer la margarine de soja sans produits laitiers et la levure alimentaire. Saler et poivrer au goût et servir immédiatement.

LASAGNE

64. Lasagne de tofu à la viande hachée et aux aubergines

2 portions

Ingrédients

- 1 bloc de tofu
- 100 grammes Viande hachée
- 1 petite aubergine
- 1 tranche de fromage de type fondant (fromage à pizza)

Ingrédients d'assaisonnement :

- 2 cuillères à soupe de ketchup
- 1 cuillères à soupe de sauce Worcestershire japonaise

les directions

a) Enveloppez le tofu dans du papier absorbant pour l'égoutter.

b) Faire revenir rapidement la viande hachée et ajouter l'aubergine lorsque la viande est bien cuite.

c) Ajouter le ketchup et la sauce Worcestershire japonaise et continuer à faire frire.

d) Coupez le tofu horizontalement en deux et placez-le sur un plat à gratin. Si vous tapissez au préalable le plat à gratin de papier sulfurisé, il sera facile de servir plus tard.

e) Placer la sauce de l'étape 4 à l'étape 5. Garnir de fromage fondant ou utiliser du fromage à pizza.

f) La viande est déjà cuite donc une fois que le fromage est bien doré, c'est cuit.

65. Coquilles de pâtes farcies Caprese

Fait du: 4 portions

Ingrédients:
- 15 coquilles géantes
- 2 tasses de fromage ricotta
- 1 tasse de fromage mozzarella, râpé
- ¾ tasse de tomates séchées au soleil, emballées dans de l'huile d'olive, hachées et divisées uniformément
- 2 cuillères à soupe. de basilic, frais et haché
- Pincée de sel et de poivre noir
- ½ tasse de bouillon de poulet, faible en sodium
- ½ tasse de crème épaisse

Les directions:

a) Chauffez le four à 350 degrés.

b) Pendant que le four chauffe, placez une grande casserole d'eau salée sur feu vif. Porter à ébullition. Une fois que l'eau commence à bouillir, ajoutez les coquilles de pâtes. Cuire selon les instructions sur l'emballage jusqu'à tendreté. Égoutter et laisser refroidir.

c) Utilisez un grand bol à mélanger et ajoutez le fromage ricotta, le fromage mozzarella râpé, le basilic haché et la moitié des tomates. Assaisonnez avec une pincée de sel et de poivre noir. Remuez bien pour mélanger.

d) Ensuite, utilisez une petite casserole à feu doux pour ajouter le bouillon de poulet, la crème et les tomates restantes. Portez ce mélange à feu doux et laissez cuire 5 minutes.

e) Verser la sauce dans un grand plat allant au four.

f) Verser le mélange de fromage ricotta dans les coquilles et ajouter dans le plat de cuisson. Verser un peu de sauce sur les coquilles.

g) Mettre au four pour cuire pendant 20 minutes ou jusqu'à ce que le fromage soit fondu. Retirer et servir immédiatement.

66. Bucatini au pesto et patates douces

Fait du: 4 portions

Ingrédients:

- 1 patate douce, pelée et coupée en cubes
- 1 oignon rouge, coupé en petits quartiers
- 1/3 tasse + 2 cuillères à soupe. d'huile d'olive, répartie uniformément
- Pincée de sel et de poivre noir
- 4 tasses de chou frisé, frais et déchiré
- ½ tasse de persil plat et frais
- 2 onces de parmesan, fraîchement râpé et extra pour servir
- 1 gousse d'ail
- 2 cuillères à café. de zeste de citron
- 1 ½ cuillères à soupe. de jus de citron, frais
- 12 onces de bucatini
- Pignons de pin, légèrement grillés et pour servir

Les directions:

a) Tout d'abord, chauffez le four à 425 degrés.

b) Pendant que le four chauffe, utilisez une grande plaque à pâtisserie et ajoutez les pommes de terre en cubes, les quartiers d'oignon et les deux cuillères à soupe d'huile d'olive. Remuer pour mélanger. Assaisonnez avec une pincée de sel et de poivre noir.

c) Mettre au four et cuire de 24 à 26 minutes ou jusqu'à ce que les pommes de terre et les quartiers d'oignon soient tendres.

d) Pendant ce temps, placez le chou frisé et le persil haché dans un robot culinaire. Pulser 5 fois ou jusqu'à ce qu'il soit haché. Ajoutez ensuite le parmesan, la gousse d'ail, le zeste de citron frais et le jus de citron frais. Battre à nouveau 12 fois.

e) Arrosez lentement le 1/3 de tasse d'huile d'olive restante dans le mélange et continuez à pulser. Assaisonnez avec une pincée de sel et de poivre noir.

f) Ensuite, faites cuire les pâtes dans de l'eau bouillante jusqu'à ce qu'elles soient tendres. Une fois cuites, égoutter les pâtes et réserver. Assurez-vous de réserver $\frac{1}{4}$ de tasse d'eau pour les pâtes.

g) Ajouter les pâtes cuites, le pesto fraîchement préparé et les légumes rôtis dans un grand bol. Remuer pour mélanger. Verser l'eau des pâtes et mélanger à nouveau pour mélanger.

h) Servir immédiatement avec une garniture de parmesan et les pignons de pin grillés.

67. Cuisson Alfredo au poulet Buffalo

Fait du: 6 portions

Temps total de préparation : 55 Minutes

Ingrédients:
- ¼ tasse de sauce de buffle
- 2 tasses de poulet rôti, coupé en dés
- 15 onces de sauce alfredo
- 8 onces de fromage mozzarella, râpé
- 16 onces de pâtes coquillettes, cuites

Les directions:

a) Tout d'abord, chauffez le four à 350 degrés.

b) Pendant que le four chauffe, utilisez un petit bol et ajoutez la sauce buffalo et les dés de poulet. Bien remuer pour mélanger et réserver.

c) À l'aide d'un bol moyen séparé, ajoutez la sauce alfredo, les pâtes cuites et 3 onces de fromage mozzarella. Bien remuer pour mélanger et réserver.

d) Verser la moitié du mélange de pâtes dans un grand plat allant au four. Garnir du mélange de poulet et recouvrir du reste du mélange de pâtes. Saupoudrer le reste de fromage mozzarella sur le dessus.

e) Couvrir d'une feuille de papier d'aluminium. Mettre au four pour cuire 30 minutes.

f) Après ce temps, retirer le papier d'aluminium et poursuivre la cuisson pendant encore 5 à 10 minutes ou jusqu'à ce que le fromage soit fondu et bouillonne.

g) Retirer du four et laisser reposer 5 minutes avant de servir.

68. Macaroni au fromage Queso

Fait du: 8 portions

Ingrédients:

- 1 livre de macaroni au coude
- Pincée de sel et de poivre noir
- 12 onces de fromage américain, blanc
- 8 onces de fromage cheddar, extra fort
- 6 cuillères à soupe. de beurre non salé
- 6 cuillères à soupe. de farine tout usage
- 4 tasses de lait, entier
- 2 boîtes de 8 onces de tomates et de piments verts, coupés en dés
- 1 boîte de 8 onces de piments verts, doux
- ½ tasse de feuilles de coriandre, fraîches et hachées grossièrement
- 1 tasse de croustilles tortillas, écrasées
- ½ cuillères à café. de piment en poudre

Les directions:

a) Tout d'abord, chauffez le four à 425 degrés.

b) Pendant que le four chauffe, faites cuire les pâtes dans une casserole d'eau selon les instructions sur l'emballage. Une fois les pâtes cuites, égoutter et réserver.

c) Dans un bol moyen, ajouter le fromage américain et le fromage cheddar. Remuez bien pour mélanger.

d) Placer un grand four hollandais à feu moyen. Incorporer le beurre non salé. Une fois le beurre fondu, ajouter la farine. Fouetter jusqu'à consistance lisse et cuire 1 minute.

Ajouter le lait et fouetter pour mélanger. Continuer à cuire pendant 8 minutes ou jusqu'à ce qu'il ait une consistance épaisse.

e) Ajouter les tomates en conserve et les piments. Cuire 2 minutes avant de retirer du feu.

f) Ajouter 4 tasses du mélange de fromage et bien mélanger jusqu'à consistance lisse.

g) Ajouter les pâtes cuites et la coriandre. Bien mélanger pour mélanger et assaisonner avec une pincée de sel et de poivre noir.

h) Transférer ce mélange dans un grand plat allant au four graissé.

i) Ajouter les croustilles de tortilla, le piment en poudre et la tasse de fromage restante dans un petit bol. Bien mélanger pour mélanger et saupoudrer sur le dessus des pâtes.

j) Mettre au four pour cuire 12 à 15 minutes.

k) Retirer et servir avec une garniture de coriandre.

69. Nœuds papillon crémeux au poulet et pesto de brocoli

Fait du: 4 portions

Ingrédients:
- 2 tasses de brocoli, coupé en bouquets
- Pincée de sel et de poivre noir
- 1 bouquet de basilic, frais et haché grossièrement
- 2 gousses d'ail
- $\frac{1}{4}$ tasse d'huile d'olive, extra vierge
- 2 cuillères à café. de zeste de citron, frais
- 3 onces de parmesan, fraîchement râpé
- 4 onces de mascarpone
- 2 tasses de poulet rôti, effiloché
- 1/3 tasse de pacanes, grillées et hachées
- $\frac{1}{2}$ livre de farfalle
- $\frac{1}{4}$ cuillères à café. de flocons de piment rouge, écrasés

Les directions:
a) Tout d'abord, faites cuire le brocoli dans de l'eau salée dans une grande casserole à feu moyen. Cuire pendant 5 minutes ou jusqu'à tendreté. Transférer dans un grand bol.

b) Ajouter les pâtes à côté de l'eau et cuire selon les instructions sur l'emballage. Une fois les pâtes cuites, égoutter les pâtes et réserver.

c) Utilisez un robot culinaire et ajoutez le basilic haché, les gousses d'ail, les flocons de piment rouge broyés et le parmesan. Battre au réglage le plus élevé jusqu'à ce qu'il soit haché. Ajouter ensuite le brocoli et pulser 4 à 6 fois jusqu'à ce qu'il soit haché grossièrement. Assaisonnez avec une pincée de sel et de poivre noir.

d) Ajouter le pesto dans un grand bol avec le mascarpone. Ajouter les pâtes cuites et mélanger pour enrober. Ajouter le poulet et plier délicatement pour l'incorporer.

e) Sers immédiatement.

70. Spaghetti aux oignons rouges et bacon

Fait du: 6 portions

Ingrédients:

- Pincée de sel et de poivre noir
- 1 livre de spaghettis
- 1 $\frac{1}{4}$ livre de bacon, coupe épaisse
- 1 oignon rouge, moyen et tranché finement
- 1 boîte de 8 onces de tomates, entières et pelées
- .13 cuillères à café. de flocons de piment rouge, écrasés
- 1 $\frac{1}{2}$ once de Pecorino Romano

Les directions:

a) Remplissez une grande casserole d'eau salée. Mettre à feu moyen et porter l'eau à ébullition. Une fois à ébullition, ajouter les spaghettis et cuire de 8 à 10 minutes ou jusqu'à ce qu'ils soient tendres. Une fois cuit, égoutter et réserver.

b) Placer une grande poêle à feu moyen. Ajouter le bacon et cuire pendant 5 minutes ou jusqu'à ce qu'il soit tendre.

c) Ensuite, ajoutez l'oignon rouge tranché et continuez à cuire pendant 10 minutes ou jusqu'à ce que les oignons soient translucides.

d) Ajouter les tomates en conserve et les flocons de piment rouge broyés. Bien remuer pour mélanger et poursuivre la cuisson pendant 8 minutes ou jusqu'à ce que la sauce soit réduite.

e) Ajouter les pâtes et $\frac{1}{4}$ de tasse d'eau de cuisson dans la poêle. Bien remuer pour mélanger.

f) Assaisonnez avec une pincée de sel et de poivre. Servir en saupoudrant de Pecorino Romano.

71. Pâtes aux saucisses et brocoli Rabe

Fait du: 6 portions

Ingrédients:

- 12 onces de saucisse de poulet italienne
- 2 cuillères à soupe. d'huile d'olive extra vierge
- 1 botte de brocoli rave
- $\frac{1}{2}$ livre de pâtes cavatelli
- 4 gousses d'ail

Les directions:

a) Placer la saucisse de poulet et $\frac{1}{2}$ tasse d'eau dans une grande poêle. Réglez la poêle sur feu doux à moyen. Couvrir et laisser cuire 10 minutes. Au bout de ce temps, égouttez le saucisson. Couper la saucisse en tranches de 1/3 de pouce.

b) Dans la même poêle, ajouter l'huile d'olive et faire chauffer à feu moyen-vif. Ajouter la saucisse de poulet et cuire pendant 6 minutes ou jusqu'à ce qu'elle soit brune. Retirer et placer la saucisse sur une grande assiette.

c) Placer une grande casserole d'eau assaisonnée de sel à feu moyen. Ajouter le brocoli rabe et cuire 1 à 2 minutes ou jusqu'à ce que les feuilles soient légèrement flétries. Transférer le brocoli dans une grande passoire et égoutter.

d) Ajouter les cavatelli dans la casserole et cuire selon les instructions sur l'emballage.

e) À l'aide de la même poêle placée à feu moyen à élevé, ajouter le brocoli, le rabe et l'ail. Cuire 4 minutes ou jusqu'à ce que le brocoli soit tendre. Ajouter la saucisse et réduire le feu à doux.

f) Filtrez les cavatelli cuits et conservez ½ tasse d'eau de cuisson. Ajouter l'eau dans la poêle et les pâtes. Déglacer la poêle et remuer pour mélanger.

g) Retirer du feu et servir immédiatement.

72. Macaronis et Gruyère

Fait du: 8 portions

Ingrédients:

- 1 livre de macaroni au coude
- 3 tasses de fromage gruyère, râpé
- 3 tasses moitié-moitié
- 4 jaunes d'œufs, gros
- 3 cuillères à soupe. de beurre non salé
- Pincée de sel

Les directions:

a) Tout d'abord, chauffez le four à 325 degrés.

b) Pendant que le four chauffe, placez une grande casserole d'eau salée sur feu moyen à élevé. Amenez l'eau à ébullition. Une fois l'eau bouillante, ajouter les macaronis. Cuire selon les indications sur l'emballage. Une fois cuits, égouttez les macaronis et rincez-les sous l'eau courante. Égoutter et placer dans un grand bol.

c) Ajouter 2 et 2/3 tasses de gruyère dans le bol avec les macaronis cuits. Remuer pour mélanger.

d) Utilisez un petit bol et ajoutez la moitié-moitié, les gros jaunes d'œufs et 3 cuillères à soupe de beurre fondu. Bien remuer pour mélanger et verser ce mélange sur les pâtes cuites.

e) Transférer ce mélange dans un grand plat allant au four. Couvrir d'une feuille de papier d'aluminium.

f) Mettre au four pour cuire 30 minutes. Au bout de ce temps, sortez le moule à macaronis du four. Saupoudrez le reste de gruyère sur le dessus.

g) Remettre au four pour cuire pendant 20 à 25 minutes ou jusqu'à ce que le dessus soit doré.

h) Retirer et servir immédiatement.

73. Spaghetti de blé entier aux tomates cerises

Fait du : 6 portions

Ingrédients :

- 2 pintes de tomates, cerise
- pincée de sel et de poivre noir
- 1 brin de feuilles de thym, frais
- ½ tasse d'huile d'olive, extra vierge
- 1 cuillère à café. d'huile d'olive extra vierge
- 1 livre de spaghetti, blé entier
- 1/3 tasse de persil, frais et haché grossièrement
- 6 cuillères à soupe. de fromage ricotta

Les directions :

a) Tout d'abord, chauffez le four à 325 degrés.

b) Pendant que le four chauffe, placez les tomates dans un grand plat allant au four. Assaisonnez avec une pincée de sel et une pincée de feuilles de thym. Verser ¼ de tasse d'huile d'olive sur le dessus.

c) Mettre au four pour rôtir pendant 20 à 25 minutes ou jusqu'à ce qu'ils soient tendres.

d) Placer une grande casserole d'eau salée à feu moyen. Amenez l'eau à ébullition. Une fois à ébullition, ajouter les spaghettis. Cuire de 8 à 10 minutes ou jusqu'à tendreté. Égoutter et placer dans un grand bol.

e) Ajouter le persil haché, ¼ de tasse d'huile d'olive et les tomates rôties dans le bol avec les spaghettis cuits. Assaisonnez avec une pincée de sel et de poivre noir. Remuer pour mélanger.

f) Servir immédiatement avec 1 cuillère à soupe de fromage ricotta et une cuillère à café d'huile d'olive arrosées sur le dessus.

74. Fettucine Alfredo

Fait du: 6 portions

Ingrédients:

- 24 onces de pâtes fettuccini, sèches
- 1 tasse de beurre
- ¾ pinte de crème épaisse
- Pincée de sel et de poivre noir
- Pincée de sel d'ail
- ¾ tasse de fromage Romano, râpé
- ½ tasse de parmesan, râpé

Les directions:

a) Remplissez une grande casserole d'eau salée. Mettre à feu moyen-vif et porter l'eau à ébullition. Une fois que l'eau bout, ajouter les pâtes fettuccini et cuire pendant 8 à 10 minutes ou jusqu'à ce qu'elles soient tendres. Une fois tendres, égouttez les pâtes et réservez.

b) Ensuite, utilisez une grande casserole et mettez à feu doux. Ajouter le beurre. Une fois le beurre fondu, ajouter la crème épaisse.

c) Assaisonner la sauce avec une pincée de sel et de poivre noir. Assaisonner avec une pincée de sel d'ail.

d) Ajouter le romano et le parmesan. Remuer jusqu'à ce que le fromage soit fondu et de consistance épaisse.

e) Ajouter les pâtes à la sauce et mélanger pour enrober.

f) Retirer du feu et servir immédiatement.

75. Macaroni au fromage avec poulet

Fait du: 4 portions

Temps total de préparation : 1 heure et 20 minutes

Ingrédients:
- 3 cuillères à soupe. de beurre non salé
- 1 ½ cuillères à café de sel de mer
- Pincée de poivre noir et de sel
- ½ livre de pâtes penne
- 1 cuillères à soupe. d'huile d'olive extra vierge
- 1 oignon, petit et tranché finement
- 1 ½ tasse de fromage mozzarella, fumé et râpé
- 1 ½ tasse de poulet rôti, cuit et effiloché
- 1 tasse de fromage Parmigiano-Reggiano, râpé
- 1 cuillères à soupe. de romarin, frais et haché grossièrement
- 3 cuillères à soupe. de farine tout usage
- 2 ½ tasses de lait, entier
- 2 gousses d'ail

Les directions:

a) Tout d'abord, chauffez le four à 450 degrés. Pendant que le four chauffe, beurrer un grand plat allant au four.

b) Placer une grande casserole remplie d'eau salée sur feu moyen à élevé. Une fois l'eau bouillante, ajouter les pâtes penne. Cuire 11 minutes ou jusqu'à ce que les pâtes soient tendres. Une fois doux. Égouttez les pâtes et passez-les sous l'eau froide. Égouttez à nouveau les pâtes et placez-les dans un grand bol.

c) Placer une poêle moyenne à feu moyen. Ajouter l'huile d'olive et une fois que l'huile est assez chaude, ajouter l'oignon émincé et une pincée de sel de mer. Cuire 10 minutes ou jusqu'à ce que l'oignon soit tendre et doré. Ajouter l'oignon aux pâtes et mélanger pour mélanger.

d) Ajouter le fromage mozzarella, le poulet rôti, 2/3 tasse de parmesan et le romarin frais dans le bol avec les pâtes et les oignons. Remuer pour mélanger.

e) Utilisez une casserole moyenne et mettez à feu doux à moyen. Ajouter le beurre. Une fois le beurre fondu, ajouter la farine tout usage. Fouetter pendant 3 minutes ou jusqu'à consistance lisse. Ensuite, ajoutez le lait et continuez à fouetter jusqu'à ce que le tout soit mélangé.

f) Ajouter les gousses d'ail et 1 ½ cuillères à café. de sel marin. Remuer pour mélanger et porter le mélange à ébullition. Baissez le feu à doux et poursuivez la cuisson en fouettant jusqu'à ce que le mélange ait une consistance épaisse. Jetez les gousses d'ail et ajoutez la sauce aux pâtes.

g) Assaisonner d'un trait de poivre. Remuer pour enrober les pâtes.

h) Transférer le mélange dans le plat de cuisson graissé.

i) Saupoudrez le reste de parmesan sur le dessus et assaisonnez avec une pincée de poivre.

j) Mettre au four pour cuire de 12 à 15 minutes ou jusqu'à ce qu'ils soient dorés. Retirer et laisser reposer 15 minutes avant de servir.

76. Rigatoni aux saucisses, petits pois et champignons

Fait du: 6 portions

Ingrédients:

- 1 ¼ livre de saucisse italienne, sucrée
- Pincée de sel et de poivre noir
- 12 onces de rigatonis
- 12 champignons blancs, gros
- ½ tasse de vin blanc, sec
- 1 gousse d'ail, entière
- 1 brin de thym, frais
- Feuilles de thym, pour la garniture
- 1 ½ tasse de petits pois, frais
- 1 tasse de crème épaisse
- 2 cuillères à soupe. de beurre non salé

Les directions:

a) Placer une grande poêle à feu moyen. Ajouter la saucisse et 1 ¼ tasse d'eau. Cuire 10 minutes avant de transférer sur une planche à découper. Trancher en pièces épaisses. Jetez l'eau.

b) À l'aide de la même poêle à feu moyen à élevé, ajouter les morceaux de saucisse et cuire 3 à 4 minutes de chaque côté ou jusqu'à ce qu'ils soient dorés. Retirer et déposer sur une grande assiette.

c) Pendant ce temps placez une grande marmite remplie d'eau salée sur feu vif. Une fois l'eau bouillante, ajouter les rigatoni. Cuire selon les indications sur le paquet puis égoutter. Assurez-vous de réserver 1/3 tasse de l'eau des pâtes. Mettre de côté.

d) Dans la même poêle à feu moyen-élevé, ajouter les champignons. Cuire dans la graisse de saucisse pendant 8 minutes ou jusqu'à ce qu'ils soient dorés.

e) Ajouter le vin sec et déglacer le fond de la poêle.

f) Ajouter la saucisse dans la poêle. Ajouter l'eau de cuisson réservée et les petits pois frais. Ajouter la crème épaisse et remuer pour mélanger. Poursuivre la cuisson de 6 à 8 minutes ou jusqu'à ce que le mélange ait une consistance épaisse. Retirer le thym et l'ail.

g) Ajouter le beurre et assaisonner avec une pincée de sel et de poivre noir.

h) Ajouter les rigatonis cuits et mélanger pour enrober. Cuire 2 à 3 minutes.

i) Retirer du feu et servir avec une garniture de thym.

77. Penne classique à la vodka

Fait du: 6 portions

Temps total de préparation : 45 minutes

Ingrédients:

- 2 cuillères à soupe. d'huile d'olive extra vierge
- 2 gousses d'ail, hachées
- 1 boîte de 28 onces de tomates, entières et pelées
- $\frac{1}{2}$ tasse de basilic, frais et haché grossièrement
- Pincée de sel et de poivre noir
- $\frac{1}{4}$ tasse de vodka
- 1 livre de pâtes penne
- 1 pinte de crème épaisse

Les directions:

a) Placer une grande poêle à feu moyen. Ajouter l'huile d'olive et une fois que l'huile est assez chaude ajouter l'ail. Cuire 1 à 2 minutes.

b) Ajouter les tomates et les écraser à l'aide d'une fourchette.

c) Ajouter le basilic haché et assaisonner avec une pincée de sel et de poivre noir. Cuire à petits bouillons pendant 15 minutes.

d) Ajouter la vodka et bien mélanger pour incorporer. Poursuivre la cuisson 15 minutes supplémentaires.

e) Pendant ce temps faire les pâtes. Pour ce faire, placez une grande casserole remplie d'eau salée sur feu vif. Une fois que l'eau commence à bouillir, ajoutez les pâtes penne. Cuire de 8 à 10 minutes ou jusqu'à tendreté. Égoutter et réserver.

f) Ajouter la crème épaisse dans la sauce et poursuivre la cuisson 10 minutes.

g) Retirer du feu et ajouter les pâtes cuites. Remuer pour mélanger et servir immédiatement.

78. Casserole de homard et de nouilles

Fait du: 4 portions

Temps total de préparation : 1 heure

Ingrédients:

- 2 homards, frais
- 3 cuillères à soupe. de sel
- ½ cuillères à café. de sel
- 3 cuillères à soupe. de beurre
- 1 échalote
- 1 cuillères à soupe. de pâte de tomate
- 3 gousses d'ail
- ¼ tasse de cognac
- ½ tasse de crème épaisse
- 1 cuillère à café. de poivre noir
- ½ livre de nouilles aux oeufs
- 1 cuillères à soupe. de jus de citron, frais
- 6 brins de thym

Les directions:

a) La première chose que vous voudrez faire est de faire cuire les homards. Pour ce faire, remplissez un grand bol à moitié avec de l'eau glacée. Mettre de côté.

b) Ensuite, placez une grande casserole d'eau à feu vif. Ajouter 3 cuillères à soupe de sel et porter l'eau à ébullition. Une fois l'eau bouillante, plongez-y les homards. Réduire le feu à doux et cuire à couvert pendant 4 minutes.

c) Passé ce délai, transférez immédiatement les homards dans le bain de glace préparé.

d) Une fois refroidis, ouvrez les coquilles et retirez la chair de la queue et des pinces. Mettez les coquilles de côté.

e) Couper la chair de homard en petits morceaux. Mettre de côté.

f) Chauffez d'abord le four à 350 degrés. Pendant que le four chauffe, prenez un grand plat allant au four et enduisez-le de 1 tasse de farine et de beurre.

g) Placer une poêle moyenne à feu moyen et ajouter le beurre. Une fois le beurre fondu, ajouter l'échalote. Cuire 1 à 2 minutes ou jusqu'à tendreté.

h) Ajoutez ensuite les coquilles de pâtes réservées, la pâte de tomate et l'ail. Remuez bien pour mélanger et faites cuire pendant 5 minutes.

i) Retirer la poêle du feu et ajouter le cognac. Remettre sur le feu et fouetter pour mélanger. Réduire le feu à doux et ajouter 1 $\frac{1}{2}$ tasse d'eau. Laisser poursuivre la cuisson pendant 15 minutes ou jusqu'à consistance épaisse.

j) Filtrer le mélange et ajouter la crème, $\frac{1}{2}$ cuillère à café. de sel et 1 cuillère à café. de poivre noir.

k) Reversez la crème dans la poêle et ajoutez les nouilles aux œufs, la chair de homard cuite et le jus de citron frais. Mélanger pour enrober.

l) Verser le mélange dans le plat de cuisson préparé. Couvrir d'une feuille de papier d'aluminium et mettre au four pour cuire pendant 20 minutes ou jusqu'à ce que la chair de homard soit bien cuite.

m) Retirer et servir immédiatement avec une garniture de brins de thym.

79. Noeuds papillon avec saucisse, tomates et crème

Fait du: 6 portions

Ingrédients:

- 1 paquet de 12 onces de pâtes papillon
- 2 cuillères à soupe. d'huile d'olive extra vierge
- 1 livre de saucisses italiennes, douces, boyaux retirés et émiettés
- ½ cuillères à café. de flocons de piment rouge, écrasés
- ½ tasse d'oignon, coupé en dés
- 3 gousses d'ail, hachées
- 1 boîte de 28 onces de tomates italiennes italiennes, égouttées et hachées grossièrement
- 1 ½ tasse de crème épaisse
- ½ cuillères à café. de sel
- 3 cuillères à soupe. de persil frais et haché

Les directions:

a) Placez d'abord une grande casserole remplie d'eau salée sur feu vif. Porter l'eau à ébullition et ajouter les pâtes papillon. Cuire de 8 à 10 minutes ou jusqu'à tendreté. Égoutter et réserver.

b) Placer une grande poêle à feu moyen. Ajouter l'huile d'olive. Une fois que l'huile est suffisamment chaude, ajouter la saucisse et les flocons de piment rouge broyés. Cuire de 5 à 10 minutes ou jusqu'à ce qu'ils soient dorés.

c) Ensuite, ajoutez l'oignon émincé et l'ail haché. Bien mélanger pour mélanger et poursuivre la cuisson pendant 5 minutes ou jusqu'à ce que l'oignon soit tendre.

d) Ajouter les tomates, la crème épaisse et $\frac{1}{2}$ cuillères à café. de sel. Remuer pour mélanger et laisser cuire à petits frémissements pendant 8 à 10 minutes.

e) Après ce temps, ajouter les pâtes cuites et mélanger pour enrober. Cuire de 1 à 2 minutes ou jusqu'à ce qu'il soit bien chaud.

f) Retirer du feu et servir aussitôt saupoudré de persil frais.

80. Dinde et Porcini Tetrazzini

Fait du: 6 portions

Ingrédients:
- 1 paquet de cèpes, séchés
- 2 ½ tasses de dinde rôtie, grande
- 8 onces de nouilles aux œufs, larges
- 3 cuillères à soupe. d'huile d'olive extra vierge
- 3 cuillères à soupe. d'échalotes, hachées
- 1 cuillère à café. de feuilles de thym frais et hachées
- Pincée de poivre de cayenne
- 3 cuillères à soupe. de farine tout usage
- 2 ½ tasses de lait, entier
- 1 cuillères à soupe. de cognac
- ¼ cuillères à café. de sel
- ½ tasse de parmesan, râpé
- ½ tasse de chapelure

Les directions:

a) Tout d'abord, chauffez le four à 325 degrés.

b) Pendant que le four chauffe, ajouter les champignons dans un grand bol. Couvrir d'eau et laisser tremper quelques minutes. Après ce temps, égouttez et réservez 1 ½ tasse de liquide de trempage. Couper les champignons en petits morceaux et les ajouter dans un grand bol.

c) Dans le bol, ajouter la dinde rôtie et les nouilles aux œufs. Remuer pour mélanger.

d) Placer une grande poêle à feu moyen. Ajouter un filet d'huile d'olive. Une fois l'huile suffisamment chaude, ajouter les échalotes émincées. Cuire pendant 5 minutes ou jusqu'à tendreté. Ajouter les feuilles de thym frais et une pincée de poivre de Cayenne. Poursuivre la cuisson 2 minutes ou jusqu'à ce que les échalotes soient dorées.

e) Ajouter ensuite la farine tout usage et cuire 1 à 2 minutes ou jusqu'à ce qu'elle soit dorée.

f) Ajouter le lait entier, le cognac et le liquide de trempage réservé. Déglacer le fond de la poêle et assaisonner avec $\frac{1}{4}$ de cuillères à café. de sel.

g) Porter le mélange à ébullition nue, puis verser sur le mélange de nouilles. Mélanger pour enrober.

h) Transférer ce mélange dans un grand plat allant au four et recouvrir d'une feuille de papier d'aluminium. Mettre au four pour cuire 25 minutes.

i) Ensuite, utilisez un petit bol et ajoutez le parmesan râpé et la chapelure. Remuez bien pour mélanger.

j) Retirer la cocotte du four et saupoudrer le mélange de chapelure sur le dessus. Remettre au four pour cuire pendant 10 minutes ou jusqu'à ce qu'ils soient dorés.

81. Pâtes aux tomates et mozzarella

Fait du: 4 portions

Temps total de préparation : 30 minutes

Ingrédients:

- ½ livre de fromage mozzarella, frais
- ½ cuillères à café. de sel de mer
- 1 tasse d'huile d'olive, extra vierge
- 4 cuillères à soupe. de beurre
- 1 tasse d'oignon Vidalia, tranché finement
- ¼ tasse d'ail, haché
- 1 livre de pâtes penne
- 4 tasses de tomates mûries sur vigne
- ¾ tasse de fromage Romano
- ½ tasse de basilic, frais et haché

Les directions:

a) Utilisez un petit bol et ajoutez le fromage mozzarella et ½ cuillères à café. de sel. Remuer pour mélanger et réserver.

b) Remplir une marmite moyenne avec l'eau, puis mettre à feu vif. Amenez l'eau à ébullition.

c) Placer une grande poêle à feu moyen à élevé. Ajouter l'huile et le beurre. Une fois le beurre entièrement fondu, ajouter l'oignon et l'ail. Réduire le feu au minimum. Cuire pendant 10 minutes ou jusqu'à tendreté.

d) Ajouter les pâtes dans l'eau bouillante. Cuire de 8 à 10 minutes ou jusqu'à tendreté. Égoutter et réserver.

e) Ajouter les tomates aux oignons et à l'ail. Augmenter le feu à moyen ou élevé. Continuer à cuire pendant 5 minutes ou jusqu'à ce qu'ils soient tendres.

f) Ajouter les pâtes cuites au mélange de tomates et d'oignons. Mélanger pour enrober.

g) Retirer du feu et ajouter le mélange de mozzarella et $\frac{1}{4}$ tasse de fromage Romano. Remuez bien pour mélanger jusqu'à ce que le fromage soit fondu.

82. Pâtes crémeuses aux crevettes au pesto

Fait du: 8 portions

Temps total de préparation : 30 minutes

Ingrédients:

- 1 livre de pâtes linguine
- ½ tasse de beurre
- 2 tasses de crème fouettée épaisse
- ½ cuillères à café. de poivre noir
- 1 tasse de parmesan, râpé
- 1/3 tasse de pesto
- 1 livre de crevettes, grosses, décortiquées et déveinées

Les directions:

a) Placer une grande marmite remplie d'eau salée sur feu vif. Amenez l'eau à ébullition. Une fois à ébullition, ajouter les pâtes et cuire de 9 à 11 minutes ou jusqu'à ce qu'elles soient tendres. Une fois tendres, égouttez les pâtes et réservez.

b) Placer une grande poêle à feu moyen. Ajouter le beurre. Une fois le beurre fondu, ajouter la crème épaisse. Assaisonner avec ½ cuillères à café. de poivre noir et remuer pour mélanger. Cuire 6 à 8 minutes en veillant à remuer souvent.

c) Ajouter le parmesan dans la sauce. Bien mélanger jusqu'à ce que le tout soit mélangé.

d) Ajouter le pesto et cuire pendant 5 minutes ou jusqu'à consistance épaisse.

e) Ajouter les crevettes et cuire pendant 5 minutes ou jusqu'à ce qu'elles soient roses. Retirer du feu.

f) Servir la sauce sur les pâtes cuites et déguster aussitôt.

83. Tortellinis aux épinards et aux tomates

Fait du: 6 portions

Temps total de préparation : 40 Minutes

Ingrédients:

- 1 paquet de 16 onces de tortellini, fromage
- 1 boîte de 14,5 onces de tomates avec ail et oignon, coupées en dés
- 1 tasse d'épinards, frais et hachés grossièrement
- ½ cuillères à café. de sel
- ¼ cuillères à café. de poivre noir
- 1 ½ cuillères à café. de basilic séché
- 1 cuillère à café. d'ail, haché
- 2 cuillères à soupe. de farine tout usage
- ¾ tasse de lait, entier
- ¾ tasse de crème épaisse
- ¼ tasse de parmesan, râpé

Les directions:

a) Remplir une grande marmite d'eau et mettre à feu vif. Porter l'eau à ébullition puis ajouter les tortellinis. Cuire les pâtes jusqu'à ce qu'elles soient tendres. Cela devrait prendre 10 minutes.

b) Pendant la cuisson des tortellinis, placez une grande casserole à feu moyen. Ajouter les épinards, les tomates en conserve, le sel et le poivre noir, le basilic séché et l'ail haché. Remuer pour mélanger et cuire pendant 5 minutes ou jusqu'à ce que le mélange commence à bouillonner à la surface.

c) Ensuite, utilisez un grand bol et ajoutez la farine tout usage, le lait entier et la crème épaisse. Remuer pour mélanger et verser dans le moule. Ajouter le parmesan. Fouetter jusqu'à consistance lisse et cuire pendant 2 minutes ou jusqu'à consistance épaisse.

d) Égouttez les pâtes et ajoutez-les à la poêle avec la sauce. Remuer pour enrober et retirer du feu. Sers immédiatement.

84. pâte au poulet Cajun

Fait du: 2 portions

Ingrédients:

- 4 onces de pâtes linguine
- 2 poitrines de poulet, sans peau, désossées et coupées en deux
- 2 cuillères à café. d'assaisonnement cajun
- 2 cuillères à soupe. de beurre
- 1 poivron rouge finement tranché
- 4 champignons, frais et tranchés finement
- 1 poivron vert finement tranché
- 1 oignon vert, haché
- 1 tasse de crème épaisse
- ¼ cuillères à café. de basilic séché
- ¼ cuillères à café. de citron poivre
- ¼ cuillères à café. de sel
- 1/8 cuillères à café. d'ail, en poudre
- 1/8 cuillères à café. de poivre noir
- ¼ tasse de parmesan, fraîchement râpé

Les directions:

k) Placer une grande casserole remplie d'eau salée sur feu vif. Dès que l'eau commence à bouillir, ajouter les pâtes. Cuire de 8 à 10 minutes ou jusqu'à tendreté. Égoutter les pâtes et réserver.

l) Placer le poulet et l'assaisonnement cajun dans un grand sac Ziploc. Agiter vigoureusement pour enrober.

m) Ensuite, placez une grande poêle à feu moyen. Ajouter le poulet et le beurre. Cuire de 5 à 7 minutes ou jusqu'à tendreté.

n) Ajouter le poivron rouge finement tranché, les champignons, le poivron vert finement tranché et l'oignon vert tranché. Cuire de 2 à 3 minutes ou jusqu'à tendreté. Réduire le feu au minimum.

o) Ajouter la crème épaisse, le basilic haché, le poivre citronné, le sel, l'ail en poudre et le poivre noir. Remuez bien pour mélanger.

p) Ajouter les pâtes cuites et mélanger pour enrober. Continuer à cuire pendant une minute supplémentaire ou jusqu'à ce qu'il soit très chaud.

q) Retirer du feu et servir immédiatement en saupoudrant de parmesan.

85. Alfredo de crevettes au poivre

Fait du: 6 portions

Temps total de préparation : 50 minutes

Ingrédients:

- 12 onces de pâtes penne
- ¼ tasse de beurre
- 2 cuillères à soupe. d'huile d'olive extra vierge
- 1 oignon, coupé en dés
- 2 gousses d'ail, hachées
- 1 poivron, coloré en rouge et coupé en dés
- ½ livre de champignons Portobello, coupés en dés
- 1 livre de crevettes, décortiquées et déveinées
- 1 pot de 15 onces de sauce Alfredo
- ½ tasse de fromage Romano, râpé
- ½ tasse de crème épaisse
- 1 cuillère à café. de poivre de cayenne
- Pincée de sel et de poivre noir
- ¼ tasse de persil, frais et haché grossièrement

Les directions:

a) Placer une grande marmite remplie d'eau salée sur feu vif. Dès que l'eau commence à bouillir, ajouter les pâtes. Cuire de 9 à 11 minutes ou jusqu'à tendreté. Égoutter les pâtes et réserver.

b) Pendant ce temps, placez une grande poêle à feu moyen. Ajouter l'huile d'olive et le beurre. Une fois le beurre fondu, ajouter l'oignon. Cuire 2 minutes ou jusqu'à tendreté.

c) Ajouter l'ail, le poivron rouge coupé en dés et les champignons. Remuer pour mélanger et cuire pendant 2 minutes ou jusqu'à ce qu'ils soient tendres.

d) Ajouter les crevettes. Remuer pour mélanger et cuire pendant 4 minutes ou jusqu'à ce qu'ils soient tendres.

e) Verser lentement la sauce Alfredo, le fromage râpé et la crème épaisse. Remuer doucement pour mélanger et porter ce mélange à ébullition. Cuire pendant 5 minutes ou jusqu'à consistance épaisse.

f) Assaisonner le mélange avec du poivre de Cayenne, une pincée de sel et une pincée de poivre noir.

g) Ajouter les pâtes cuites et remuer pour mélanger.

h) Retirer du feu et servir immédiatement avec une garniture de persil haché.

86. Lasagne verte

POUR 6 PERSONNES

Ingrédients:

- 1 pâtes vertes
- 5 à 6 tasses de béchamel
- 2 livres d'orties fraîches, ou d'orties et d'épinards, ou d'orties et de blettes, ou d'une autre combinaison de légumes verts
- 1 oignon jaune moyen, haché finement
- 2 cuillères à soupe d'huile d'olive extra vierge
- Sel de mer et poivre noir fraîchement moulu
- 2 à 3 cuillères à soupe de beurre non salé
- 1 tasse de parmigiano-reggiano fraîchement râpé

Les directions:

a) Préparez d'abord la pâte à tarte.
b) Pendant que la pâte repose, préparez la béchamel.
c) Préparez maintenant la garniture : ramassez les feuilles vertes (si vous utilisez des orties, avant de les manipuler à mains nues, blanchissez-les pour enlever la piqûre), enlevez les feuilles jaunes ou fanées et enlevez les feuilles des tiges dures. Couper les verts en rubans.
d) Mélanger l'oignon et l'huile au fond d'une casserole à fond épais et faire chauffer à feu moyen-doux. Cuire, en remuant, jusqu'à ce que l'oignon soit tendre, puis incorporer les légumes verts par poignées, en laissant chaque poignée s'effondrer et flétrir légèrement avant d'en ajouter d'autres. Si nécessaire, ajoutez quelques cuillères à soupe

d'eau bouillante pour éviter que les légumes n'accrochent. Saler et poivrer et cuire jusqu'à ce que les légumes soient cuits, 8 à 10 minutes.

e) Vous êtes maintenant prêt à étaler les pâtes, ce que vous pouvez faire avec un rouleau à pâtisserie et une planche ou avec une machine à pâtes. Suivez les instructions pour les lasagnes en posant les feuilles de lasagnes cuites sur des torchons humides comme décrit.

f) Réglez le four sur 450°F. Utilisez un peu de beurre pour graisser le fond d'un plat de cuisson de 9 x 13 pouces ou d'un plat à lasagne.

g) Étalez quelques cuillères à soupe de garniture verte sur le fond du plat, puis placez une couche de feuilles de pâtes sur la garniture. Couvrir les feuilles de pâte avec environ un tiers de la garniture restante, puis étaler un peu de béchamel dessus. Saupoudrer de parmesan. Ajouter une autre couche de lanières de pâtes et recouvrir à nouveau de garniture, de béchamel et de fromage. Continuez ainsi jusqu'à ce que toutes les feuilles de pâtes soient épuisées. La couche supérieure doit être constituée de béchamel et de fromage râpé, parsemée de beurre.

h) Cuire au four de 15 à 20 minutes, jusqu'à ce que le dessus soit bouillonnant et légèrement doré. Retirer du four et laisser reposer 15 minutes avant de servir.

87. Lasagne aux champignons à la courge

POUR 8 À 10 PERSONNES

Ingrédients:

- 1 Pâte de Fresca de Base
- 1½ onces de cèpes séchés
- 3 livres de champignons frais, y compris sauvages, si disponibles
- ½ tasse d'huile d'olive extra vierge
- 1 cuillère à soupe de beurre non salé, plus un peu plus pour le plat de cuisson et pour parsemer le dessus des lasagnes
- 1 livre d'oignons de printemps, y compris les tiges vertes tendres, ou 1 oignon jaune moyen, haché très fin
- 1 gousse d'ail, écrasée avec le plat d'une lame et hachée
- ½ tasse de persil plat finement haché
- 1 cuillère à soupe de thym haché
- Sel de mer et poivre noir fraîchement moulu
- 5 tasses de béchamel
- 4 tasses de courges d'hiver, râpées sur les gros trous d'une râpe
- ¼ à ⅓ tasse de fromage parmigiano-reggiano ou grana padano râpé

Les directions:

a) Tout d'abord, si vous utilisez des pâtes fraîches, préparez la pâte.
b) Si vous utilisez des champignons séchés, reconstituez-les; conserver le liquide de trempage filtré pour l'ajouter plus tard, si nécessaire.

c) Cueillez les champignons frais, en coupant les grains ou les zones endommagées. Séparez les chapeaux des tiges. Trancher les chapeaux et couper les tiges en dés. (Si vous utilisez du shiitake ou des champignons similaires avec des tiges dures, jetez les tiges.)
d) Ajouter ¼ de tasse d'huile dans une poêle et chauffer à feu moyen-vif. Ajouter les oignons et l'ail et cuire rapidement, en remuant, jusqu'à ce que les oignons commencent à peine à devenir croustillants et à dorer. Incorporer les pieds de champignons coupés en dés et les champignons séchés reconstitués hachés. Ajouter ¼ tasse de persil et le thym haché. Cuire les champignons de 10 à 15 minutes ou jusqu'à ce qu'ils soient bien cuits; assaisonner de sel et de poivre et incorporer le contenu de la casserole à la béchamel.
e) Dans une poêle séparée, mélanger les chapeaux de champignons tranchés avec le ¼ tasse de persil restant, 1 cuillère à soupe d'huile et 1 cuillère à soupe de beurre et cuire doucement à feu moyen-doux jusqu'à ce que les champignons soient juste cuits, 7 ou 8 minutes. Ajouter beaucoup de sel et de poivre au goût. Mettre de côté.
f) Étalez les pâtes aussi fines que possible.
g) Porter une grande casserole d'eau salée à ébullition et préparer un bol d'eau glacée. Ajouter les pâtes à l'eau bouillante et cuire comme décrit dans les instructions, en posant les feuilles de pâtes cuites sur des torchons propres.
h) Réglez le four sur 350°F.
i) Beurrer légèrement le fond et les côtés d'un plat de cuisson rectangulaire de 8 x 12 pouces d'au moins 2 pouces de profondeur.
j) Étalez quelques cuillères à soupe de béchamel au fond du plat allant au four, puis ajoutez une couche de feuilles de

pâte. Déposer environ un quart de la béchamel en une couche sur les pâtes, puis environ un tiers des chapeaux de champignons sautés et un tiers de la courge râpée. Saupoudrer quelques cuillères à soupe de parmigiano sur cette couche. Répétez ces couches - pâtes, béchamel, chapeaux de champignons, courge râpée et fromage - jusqu'à ce que la casserole soit pleine et que la garniture soit épuisée. Pour la couche supérieure, utilisez le reste de béchamel, étalez-le un peu plus épais et étalez-le sur les bords de la casserole pour sceller les pâtes à l'intérieur.

k) Cuire au four environ 30 minutes, puis augmenter le feu à 400°F. Cuire encore 10 minutes ou jusqu'à ce que la lasagne bouillonne et que le dessus soit doré.

l) Sortez la lasagne du four et mettez-la de côté pendant au moins 10 à 15 minutes, ou jusqu'à une heure, dans un endroit chaud avant de servir. Cela permet à la lasagne de se déposer et facilite la coupe et le service.

88. Couscous Palestinien

POUR 6 À 8 PERSONNES

Ingrédients:

- Un petit poulet frais (2½ à 3 livres), de préférence fermier, coupé en 8 morceaux
- Sel de mer et poivre noir fraîchement moulu
- ½ cuillère à café de cardamome moulue
- ½ tasse d'huile d'olive extra vierge
- 1 oignon jaune moyen, non pelé
- 4 baies de piment de la Jamaïque
- Un bâton de cannelle de 2 pouces
- 2 feuilles de laurier
- Anis 2 étoiles
- Pincée de curcuma moulu
- ½ cuillère à café de graines de cumin entières
- 1½ tasse de pois chiches cuits
- 1 poivron rouge, paré et tranché finement
- ½ oignon rouge moyen, tranché en lunes (longitudinalement)
- 2 tasses de maftoul
- ¼ tasse d'amandes grillées hachées grossièrement
- 3 brins de coriandre cueillis, pour la garniture

Les directions:

a) Frotter les morceaux de poulet avec du sel, du poivre et de la cardamome. Chauffer ¼ tasse d'huile dans une marmite à fond épais à feu moyen. Ajouter le poulet et bien le faire dorer de tous les côtés. Retirer les morceaux de poulet et réserver. Retirez la casserole du feu et lorsque l'huile est

froide, renversez-la et essuyez la casserole avec des serviettes en papier pour éliminer toute trace d'huile brûlée.
b) Remettre la casserole à feu moyen-doux et ajouter le poulet avec 8 à 10 tasses d'eau, assez à peine pour couvrir le poulet. Ne pelez pas l'oignon, mais frottez toute peau de papier lâche, puis coupez l'oignon en deux et ajoutez-le à la casserole avec le piment de la Jamaïque, le bâton de cannelle, les feuilles de laurier, l'anis étoilé, le curcuma et le cumin. Couvrez la marmite et portez à ébullition. Cuire à feu doux pendant 1 heure, moment auquel le poulet doit être cuit et très tendre.
c) Retirer le poulet du bouillon et réserver. Lorsqu'il est suffisamment froid pour être manipulé, placez les morceaux dans un plat allant au four, de préférence avec un couvercle.
d) Filtrez les morceaux d'épices et les feuilles de laurier du bouillon et jetez-les. Une fois que le bouillon a un peu refroidi, transférez-le dans un endroit frais ou au réfrigérateur pour laisser la graisse monter et se figer. Lorsque la graisse est solide sur le dessus, écumez-la avec une écumoire et jetez-la.
e) Lorsque vous êtes prêt à continuer, réglez le four à feu doux, 200° à 250°F.
f) Remettre le bouillon dégraissé dans la marmite à feu moyen et porter à ébullition. Laisser mijoter, à découvert, jusqu'à ce que le bouillon ait réduit de moitié, soit environ 4 tasses.
g) Retirer 1 tasse de bouillon et le verser sur les morceaux de poulet dans le plat allant au four. Couvrez le poulet avec un couvercle ou une feuille de papier d'aluminium et transférez-le au four pour le réchauffer pendant que vous préparez le maftoul.

h) Réchauffez les pois chiches cuits, si nécessaire, en ajoutant quelques cuillères à soupe de bouillon ou d'eau plate. Porter à ébullition à feu doux, juste assez pour les réchauffer. Gardez au chaud pendant que vous finissez le maftoul.
i) Dans une petite poêle, mélanger les tranches de poivron et d'oignon avec le ¼ de tasse d'huile restante et faire sauter doucement jusqu'à ce que les tranches commencent à ramollir. Ajouter le maftoul et cuire, en remuant, environ 3 minutes juste pour faire légèrement griller les grains de maftoul et faire ressortir leur saveur de froment. Remettre le bouillon à frémissement si nécessaire et ajouter le maftoul et les légumes. Laisser mijoter, à découvert, pendant 15 minutes, ou jusqu'à ce que les grains de maftoul soient tendres.
j) Disposez le maftoul sur un plat, puis placez les morceaux de poulet dessus en versant le reste de bouillon sur le maftoul. Enfin, déposer les pois chiches sur le dessus et garnir d'amandes grillées et de coriandre.
k) Sers immédiatement.

89. Manicottis farcis aux blettes

Donne 4 portions

Ingrédients:

- 12 manicottis
- 3 cuillères à soupe d'huile d'olive
- 1 petit oignon, émincé
- 1 bouquet moyen de bettes à carde, tiges dures parées et hachées
- 1 livre de tofu ferme, égoutté et émietté
- Sel et poivre noir fraîchement moulu
- 1 tasse de noix de cajou crues
- 3 tasses de lait de soja nature non sucré
- 1/8 cuillère à café de muscade moulue
- 1/8 cuillère à café de piment de Cayenne moulu
- 1 tasse de chapelure sèche non assaisonnée

Les directions:

a) Préchauffer le four à 350°F. Huiler légèrement un plat de cuisson de 9 x 13 pouces et réserver.

b) Dans une casserole d'eau bouillante salée, cuire les manicotti à feu moyen-vif, en remuant de temps en temps, jusqu'à ce qu'ils soient al dente, environ 8 minutes. Bien égoutter et passer sous l'eau froide. Mettre de côté.

c) Dans une grande poêle, chauffer 1 cuillère à soupe d'huile à feu moyen. Ajouter l'oignon, couvrir et cuire jusqu'à ce qu'il soit ramolli environ 5 minutes. Ajouter les blettes, couvrir et cuire jusqu'à ce que les blettes soient tendres, en remuant de temps en temps, environ 10 minutes. Retirer du feu et ajouter le tofu en remuant pour bien mélanger. Bien assaisonner avec du sel et du poivre au goût et réserver.

d) Dans un mélangeur ou un robot culinaire, réduire les noix de cajou en poudre. Ajouter 1 1/2 tasse de lait de soja, la noix de muscade, le poivre de Cayenne et le sel au goût. Mélanger jusqu'à consistance lisse. Ajouter les 1 1/2 tasses de lait de soja restantes et mélanger jusqu'à consistance crémeuse. Goûtez, rectifiez l'assaisonnement si nécessaire.

e) Étendre une couche de sauce au fond du plat de cuisson préparé. Emballez environ 1/3 tasse de farce de blettes dans les manicotti. Disposez les manicotti farcis en une seule couche dans le plat allant au four. Verser le reste de sauce sur les manicotti. Dans un petit bol, mélanger la chapelure et les 2 cuillères à soupe d'huile restantes et saupoudrer sur les manicotti. Couvrir de papier d'aluminium et cuire jusqu'à ce qu'ils soient chauds et bouillonnants, environ 30 minutes. Sers immédiatement.

90. Manicottis aux épinards et sauce aux noix

Donne 4 portions

Ingrédients:

- 12 manicottis
- 1 cuillère à soupe d'huile d'olive
- 2 échalotes moyennes, hachées
- 2 paquets (10 onces) d'épinards hachés surgelés, décongelés
- 1 livre de tofu extra-ferme, égoutté et émietté
- 1/4 cuillère à café de muscade moulue
- Sel et poivre noir fraîchement moulu
- 1 tasse de morceaux de noix grillées
- 1 tasse de tofu mou, égoutté et émietté
- 1/4 tasse de levure alimentaire
- 2 tasses de lait de soja nature non sucré
- 1 tasse de chapelure sèche

Les directions:

a) Préchauffer le four à 350°F. Huiler légèrement un plat de cuisson de 9 x 13 pouces. Dans une casserole d'eau bouillante salée, cuire les manicotti à feu moyen-vif, en remuant de temps en temps, jusqu'à ce qu'ils soient al dente, environ 10 minutes. Bien égoutter et passer sous l'eau froide. Mettre de côté.

b) Dans une grande poêle, chauffer l'huile à feu moyen. Ajouter les échalotes et cuire jusqu'à ce qu'elles soient tendres, environ 5 minutes. Pressez les épinards pour en retirer le plus de liquide possible et ajoutez-les aux échalotes. Assaisonner de noix de muscade, de sel et de poivre au goût et cuire 5 minutes en remuant pour mélanger les saveurs. Ajouter le tofu extra-ferme et remuer pour bien mélanger. Mettre de côté.

c) Dans un robot culinaire, broyer les noix jusqu'à ce qu'elles soient finement moulues. Ajouter le tofu mou, la levure nutritionnelle, le lait de soja, le sel et le poivre au goût. Traiter jusqu'à consistance lisse.

d) Étendre une couche de sauce aux noix au fond du plat de cuisson préparé. Remplir les manicotti avec la farce. Disposez les manicotti farcis en une seule couche dans le plat allant au four. Verser le reste de sauce dessus. Couvrir de papier d'aluminium et cuire jusqu'à ce qu'il soit chaud, environ 30 minutes. Découvrir, saupoudrer de chapelure et cuire 10 minutes de plus pour dorer légèrement le dessus. Sers immédiatement.

91. Pâtes farcies aux aubergines et au tempeh

Donne 4 portions

Ingrédients:

- 8 onces de tempeh
- 1 aubergine moyenne
- 12 grandes coquilles de pâtes
- 1 gousse d'ail, écrasée
- 1/4 cuillère à café de piment de Cayenne moulu
- Sel et poivre noir fraîchement moulu
- Chapelure sèche non assaisonnée
- 3 tasses de sauce marinara, maison

Les directions:

a) Dans une casserole moyenne d'eau frémissante, faire cuire le tempeh pendant 30 minutes. Égoutter et laisser refroidir.

b) Préchauffer le four à 450°F. Piquer l'aubergine avec une fourchette et cuire sur une plaque à pâtisserie légèrement huilée jusqu'à ce qu'elle soit tendre, environ 45 minutes.

c) Pendant que les aubergines cuisent, cuire les coquilles de pâtes dans une casserole d'eau bouillante salée, en remuant de temps en temps, jusqu'à ce qu'elles soient al dente, environ 7 minutes. Égoutter et passer sous l'eau froide. Mettre de côté.

d) Retirer l'aubergine du four, la couper en deux dans le sens de la longueur et égoutter tout liquide. Réduire la température du four à 350°F. Huiler légèrement un plat de cuisson de 9 x 13 pouces. Au robot culinaire, hacher l'ail jusqu'à ce qu'il soit finement moulu. Ajouter le tempeh et pulser jusqu'à ce qu'il soit grossièrement moulu. Grattez la pulpe d'aubergine de sa coquille et ajoutez-la au robot culinaire avec le tempeh et l'ail. Ajouter le poivre de Cayenne, assaisonner avec du sel et du poivre au goût et mélanger par impulsions. Si la garniture est lâche, ajouter un peu de chapelure.

e) Étendre une couche de sauce tomate au fond du plat de cuisson préparé. Farcir la garniture dans les coquilles jusqu'à ce qu'elles soient bien emballées.

f) Disposez les coquilles sur la sauce et versez le reste de la sauce sur et autour des coquilles. Couvrir de papier d'aluminium et cuire jusqu'à ce qu'il soit chaud, environ 30 minutes. Découvrir, saupoudrer de parmesan et cuire 10 minutes de plus. Sers immédiatement.

92. Raviolis de potiron aux petits pois

Donne 4 portions

Ingrédients:

- 1 tasse de purée de citrouille en conserve
- 1/2 tasse de tofu extra-ferme, bien égoutté et émietté
- 2 cuillères à soupe de persil frais haché
- Pincée de muscade moulue
- Sel et poivre noir fraîchement moulu
- **1*Pâte sans œuf***
- 2 ou 3 échalotes moyennes, coupées en deux sur la longueur et coupées en tranches de 1/4 po
- 1 tasse de petits pois surgelés, décongelés

Les directions:

a) Utilisez une serviette en papier pour éponger l'excès de liquide de la citrouille et du tofu, puis mélangez-les dans un robot culinaire avec la levure nutritionnelle, le persil, la noix de muscade et le sel et le poivre au goût. Mettre de côté.

b) Pour faire les raviolis, étalez la pâte finement sur une surface légèrement farinée. Couper la pâte en

c) Bandes de 2 pouces de large. Placer 1 cuillerée à thé comble de farce sur 1 bande de pâtes, à environ 1 pouce du haut. Placez une autre cuillerée à thé de garniture sur la bande de pâtes, environ un pouce en dessous de la première cuillerée de garniture. Répéter sur toute la longueur de la bande de pâte. Mouiller légèrement les bords de la pâte avec de l'eau et placer une deuxième bande de pâtes sur la première en recouvrant la garniture. Pressez les deux couches de pâte ensemble entre les portions de garniture.

d) Utilisez un couteau pour couper les côtés de la pâte pour la rendre droite, puis coupez la pâte entre chaque monticule de garniture pour faire des raviolis carrés. Assurez-vous d'éliminer les poches d'air autour du remplissage avant de sceller.

e) Utilisez les dents d'une fourchette pour presser le long des bords de la pâte pour sceller les raviolis. Transférer les raviolis dans une assiette farinée et répéter avec le reste de pâte et de sauce. Mettre de côté.

f) Dans une grande poêle, chauffer l'huile à feu moyen. Ajouter les échalotes et cuire, en remuant de temps en temps, jusqu'à ce que les échalotes soient bien dorées mais non brûlées, environ 15 minutes. Incorporer les pois et assaisonner avec du sel et du poivre au goût. Réserver au chaud à feu très doux.

g) Dans une grande casserole d'eau bouillante salée, cuire les raviolis jusqu'à ce qu'ils flottent à la surface, environ 5 minutes. Bien égoutter et transférer dans la poêle avec les échalotes et les petits pois. Cuire pendant une minute ou deux pour mélanger les saveurs, puis transférer dans un grand bol de service. Assaisonnez avec beaucoup de poivre et servez immédiatement.

93. Raviolis Artichauts-Noix

Donne 4 portions

Ingrédients:

- ¹/3 tasse plus 2 cuillères à soupe d'huile d'olive
- 3 gousses d'ail, hachées
- 1 paquet (10 onces) d'épinards surgelés, décongelés et essorés
- 1 tasse de cœurs d'artichauts surgelés, décongelés et hachés
- ¹/3 tasse de tofu ferme, égoutté et émietté
- 1 tasse de morceaux de noix grillées
- ¹/4 tasse de persil frais bien tassé
- Sel et poivre noir fraîchement moulu
- 1*Pâte sans œuf*
- 12 feuilles de sauge fraîche

Les directions:

e) Dans une grande poêle, chauffer 2 cuillères à soupe d'huile à feu moyen. Ajouter l'ail, les épinards et les coeurs d'artichauts. Couvrir et cuire jusqu'à ce que l'ail soit tendre et que le liquide soit absorbé, environ 3 minutes, en remuant de temps en temps. Transférer le mélange dans un robot culinaire. Ajouter le tofu, 1/4 tasse de noix, le persil, saler et poivrer au goût. Traiter jusqu'à ce qu'il soit haché et bien mélangé.

f) Laisser refroidir.

g) Pour faire les raviolis, étalez la pâte très finement (environ 1/8 de pouce) sur une surface légèrement farinée et coupez-la en bandes de 2 pouces de large. Placer 1 cuillerée à thé comble de farce sur une bande de pâtes, à environ 1 pouce du haut. Placez une autre cuillerée à thé de garniture sur la bande de pâtes, environ 1 pouce en dessous de la première cuillerée de garniture. Répéter sur toute la longueur de la bande de pâte.

h) Mouiller légèrement les bords de la pâte avec de l'eau et placer une deuxième bande de pâtes sur la première en recouvrant la garniture.

i) Pressez les deux couches de pâte ensemble entre les portions de garniture. Utilisez un couteau pour couper les côtés de la pâte pour la rendre droite, puis coupez la pâte entre chaque monticule de garniture pour faire des raviolis carrés. Utilisez les dents d'une fourchette pour presser le long des bords de la pâte pour sceller les raviolis. Transférer les raviolis sur une assiette farinée et répéter avec le reste de pâte et de garniture.

j) Cuire les raviolis dans une grande casserole d'eau bouillante salée jusqu'à ce qu'ils flottent à la surface, environ 7 minutes. Bien égoutter et mettre de côté. Dans une grande poêle, chauffer le 1/3 de tasse d'huile restant à feu moyen. Ajouter la sauge et les $\frac{3}{4}$ de tasse de noix restantes et cuire jusqu'à ce que la sauge devienne croustillante et que les noix deviennent parfumées.

k) Ajouter les raviolis cuits et cuire, en remuant doucement, pour les enrober de sauce et bien réchauffer. Sers immédiatement.

CARPACCIO

94. Carpaccio de sériole japonaise

Ingrédients

- 5 morceaux x 4 limande à queue jaune du Japon, tranchée finement
- 1 cuillères à soupe d'huile d'olive
- 1 cuillères à café de jus d'agrumes Kabosu (vous pouvez également utiliser du jus de citron ou de citron vert)
- 1 cuillères à soupe de vinaigrette Aojiso (perilla verte)
- Sel et poivre au goût
- Fromage parmesan, au goût

les directions

a) Assaisonnez uniformément les morceaux de sériole japonaise avec de l'huile d'olive, du jus d'agrumes kabosu, de la vinaigrette aojiso, du sel et du poivre. Saupoudrer de parmesan au goût.

b) Garnir de persil pour servir.

95. Carpaccio de Flet Japonais

2 portions

Ingrédients

- 1 paquet de sashimi de plie japonaise
- 1 grosse tomate
- 1 oignons verts
- 1 cuillères à soupe de jus de citron
- 1 cuillères à soupe d'huile d'olive
- 1 cuillères à café de sel

les directions

j) Trancher finement le sashimi de plie. S'il est pré-coupé, utilisez-le tel quel. C'est meilleur quand le sashimi est coupé finement.

k) Couper les tomates en dés de 1 cm. Si vous utilisez des tomates cerises, coupez-les en quartiers. Hacher finement les oignons verts.

l) Disposer la plie, la tomate et les oignons verts dans une assiette.

m) Combinez les ingrédients (goûtez et ajoutez plus de sel si nécessaire) et versez le mélange sur le plat pour terminer. Refroidissez-les au réfrigérateur jusqu'au moment de servir!

96. Carpaccio de Flet Japonais Sakura

4 portions

Ingrédients

- 100 grammes de poisson blanc comme la plie japonaise ou la dorade
- 12 fleurs Fleurs de sakura salées
- 1 cuillères à soupe ☆huile d'olive extra vierge
- 1 cuillères à café ☆Vin blanc
- 1 tiret ☆Wasabi
- 1 trait de sauce soja, sel
- 1 Germes ou oignons verts minces

les directions

a) Coupez finement le sashimi et disposez-le sur une assiette.

b) Assurez-vous que les tranches de sashimi ne se chevauchent pas. Prenez 1/2 du sakura salé et faites-le tremper dans l'eau pendant 2 minutes pour éliminer une partie de l'excès de sel. Dessalez complètement le reste du sakura.

c) Hacher finement le sakura légèrement dessalé, combiner avec les ☆Ingrédients et bien mélanger Ajouter une goutte de sauce soja et saler au goût.

d) Verser le mélange de l'étape 2 sur le sashimi. Garnir de sakura décoratifs et de pousses pour finir.

97. Carpaccio de navet à la japonaise

Ingrédients

- 1 Navet
- 1 feuilles de navet
- 1 trait de sel
- 1 pincée de flocons de bonite
- 1 cuillères à soupe de ponzu
- 1 trait d'ail râpé
- 1 cuillères à café d'huile végétale

les directions

a) Trancher finement le navet à la mandoline. Couper les feuilles de navet en petits morceaux et saupoudrer de sel. Une fois qu'ils se fanent et se ramollissent, essorez l'excès d'eau.

b) Déposer le navet sur une assiette et répartir les feuilles de navet dessus. Bien mélanger les ingrédients et arroser dessus.

c) Saupoudrez de flocons de bonite à la fin, et c'est prêt.

98. Carpaccio de boeuf à la japonaise

PORTIONS 4

Ingrédients

- 500 g de filet d'oeil de boeuf essayez d'obtenir un morceau plus fin et plus long si possible
- 2-3 mini radis tranchés très finement
- ½ pomme Granny Smith ou Braeburn tranchée finement et coupée en allumettes
- ½ carotte râpée ou coupée en allumettes très fines (facultatif)
- feuilles de coriandre petite poignée

vinaigrette japonaise

- ⅓ tasse de jus de lime ou de citron fraîchement pressé
- ⅓ tasse de sauce soja légère utiliser du tamari pour le sans gluten
- 2 cuillères à café d'huile de sésame
- 2 cuillères à café de mirin ou de sucre
- 1 cuillère à soupe d'huile d'olive extra vierge
- 1 échalote hachée finement

- 1 piment rouge finement haché (facultatif)

les directions

d) Faire chauffer un peu d'huile dans une poêle à frire à feu moyen-vif. Assaisonner le filet d'oeil avec du sel et du poivre noir fraîchement moulu et saisir pendant 45 secondes de tous les côtés, de sorte que le milieu soit encore saignant. Retirer et laisser reposer (et refroidir) pendant 10 minutes. Posez un morceau de film alimentaire, à environ la longueur d'un bras, sur le banc et enveloppez le filet d'oeil dans une belle forme cylindrique, en tordant les extrémités du film alimentaire pour le fixer. Congeler le filet d'oeil enveloppé pendant au moins 3 heures jusqu'à ce qu'il soit très ferme.

e) Retirer le film alimentaire du filet d'oeil et trancher très finement avec un couteau bien aiguisé (trancher aussi finement que possible). Remarque : S'il a été congelé pendant la nuit, laissez-le décongeler pendant 20 minutes sur le banc afin qu'il soit plus facile à trancher.

f) Pour faire la vinaigrette, mélanger le jus de lime ou de citron, la sauce soja, l'huile de sésame, le mirin ou le sucre, l'huile d'olive extra vierge, l'échalote et le piment.

g) Pour assembler, disposer les tranches de boeuf et de radis autour des assiettes, en se chevauchant légèrement. Placer un petit tas de cresson, de carotte et de pomme au milieu et verser quelques cuillères à soupe de vinaigrette sur le bœuf. Servir immédiatement - le boeuf sera à la température idéale, il doit être froid mais pas congelé.

99. Carpaccio de Tataki de Bœuf

Pour 2-3 personnes

Ingrédients

- 300g de longe de boeuf
- 3-4 cuillères à soupe de sauce soja
- 2 cuillères à soupe de mirin
- 2 cuillères à soupe de saké
- 1 cuillères à soupe de sucre (facultatif)

Pour les garnitures

- 1/2 oignon
- salade
- oignon de printemps
- tomates
- cresson
- feuilles de shiso perilla
- Ponzu

Comment préparer

a) Sortez la viande du réfrigérateur et laissez-la reposer à température ambiante. Faire chauffer une poêle. Badigeonner légèrement le bœuf d'huile végétale et assaisonner de sel et de poivre. Saisir la viande de chaque côté jusqu'à ce qu'elle dore uniformément.

b) Nettoyez l'excès d'huile de la poêle et ajoutez le mirin, le saké et le sucre et faites cuire pendant quelques minutes. Ajouter la sauce soja et poursuivre la cuisson encore 3 à 5 minutes en remuant de temps en temps. Laisser refroidir et mettre la viande et la sauce dans un sac refermable et laisser au réfrigérateur.

c) Préparez les légumes de votre choix. Trancher la viande très finement et servir avec les légumes sur le dessus. Verser la sauce sur la viande et les légumes. Profitez.

100. Carpaccio de Kanpachi (Kanpaccio)

Rendement : 2 portions

Ingrédients

- 120 grammes de kanpachi
- 2 cuillères à soupe d'huile d'olive (douce et fruitée)
- 2 pincées de sel Mojito (ou votre sel de finition préféré)
- Pecorino Romano (au goût)
- poudre de sansho (au goût)
- zeste de citron vert (au goût)
- coriandre

les directions

a) Utilisez un couteau bien aiguisé pour trancher le Kanpachi aussi fin que possible et tapisser le fond d'un plat plat avec le poisson.

b) Pour faire du carpaccio de kanpachi, tranchez le poisson le plus finement possible à l'aide d'un long couteau bien aiguisé, puis tapissez le fond d'une assiette plate avec le poisson.

c) Arroser le Kanpachi d'huile d'olive.

d) Kanpachi arrosé d'une bonne huile d'olive pour faire du carpaccio de kanpachi.

e) Saupoudrer uniformément de sel.

f) Kanpachi arrosé d'huile d'olive et saupoudré de sel marin.

g) Râpez du Pecorino Romano dessus.

h) Kanpachi et huile d'olive avec Pecorino Romano râpé sur le dessus.

i) Saupoudrez un peu de poudre de sansho uniformément sur le dessus.

j) Terminer avec un peu de zeste de citron vert et quelques herbes.

CONCLUSION

Bien que cela puisse sembler un concept étrange de venir au Japon et de manger de la cuisine italienne, cela vaut vraiment la peine de faire une pause dans la cuisine japonaise traditionnelle pour essayer la cuisine italo-japonaise. C'est une expérience délicieusement révélatrice dans l'association de deux cuisines très uniques et une démonstration intrigante du savoir-faire japonais dans la cuisine. Cette fantastique fusion de plats japonais et italiens est en fait aussi efficace avec des boissons qu'avec de la nourriture, où la faible acidité du saké fait ressortir les saveurs umami de la cuisine italienne et en fait un bon substitut au vin. Parcourez la liste complète des restaurants italiens de Savor Japan au Japon pour en goûter.

www.ingramcontent.com/pod-product-compliance
Lightning Source LLC
Chambersburg PA
CBHW070502120526
44590CB00013B/724